조선셰프 서유구의
포   이야기

임원경제지
전통 음식 복원 및 현대화 시리즈 / 2

CHOSUN CHEF's
Jerky

조선셰프 서유구의
포   이야기

자연경실

조선셰프 서유구의
포   이야기

지은 이   풍석문화재단음식연구소
          대표집필 곽미경
          임원경제지 서유구 편찬/임원경제연구소(정정기) 번역
          사진 곽풍영, 권은경

펴낸 이   신정수

펴낸 곳   풍석문화재단
          진행 진병춘   **교정** 박정진
          표지 아트퍼블리케이션 디자인 고흐
          제작 주)알래스카인디고
          전화 (02) 6959-9921   **E-MAIL** pungseok@naver.com
펴낸 날   초판 1쇄 2018년 5월
ISBN   979-11-960046-7-5 (04380)

조선셰프 서유구의 포 이야기(임원경제지 전통 음식 복원 및 현대화 시리즈 2)

이 책은 문화체육관광부의 "풍석학술진흥및연구기반조성사업"의 보조금으로
음식복원, 저술, 사진촬영, 원문번역, 간행 등이 이루어졌습니다.
이 책의 내용은 도서 발행 6개월 경과 후 풍석디지털도서관(www.pungseok.com)에 탑재되어
누구나 무상으로 열람이 가능합니다.

목차　CONTENTS

제1장

〈정조지〉 속의 포
포석

제2장

아름다운
우리의 전통포

머리말

●

　　한국의 음식문화는 오천 년이라는 긴 세월 속에서 끊임없는 변화를 겪으면서 진화
해 왔다. 그 결과 독창적인 음식문화가 한반도에 화려한 꽃을 피웠으나 일본의 식민통치와
전쟁의 혼란 속에서 우리의 음식문화가 소멸되거나 축소 또는 변형되었다. 이런 안타까운
현상은 음식문화의 차원을 넘어서 우리의 역사가 축소되고 왜곡되는 것과 다를 바가 없기
에 더욱 심각한 일이다. 음식이 사라지면서 음식에 담긴 이야기와 식재료도 같이 사라졌는
데 이는 곧 우리 민족, 우리 사회, 우리 가족의 이야기와 지혜, 곧 문화가 사라진 것이다.
우리 민족의 정체성을 세우고 역사를 바로 잡는 의미에서 사라진 전통음식을 되살리거나
왜곡되고 축소되어 제 모습을 잃어버린 음식의 뿌리를 찾아서 원래의 모습을 찾아주는
것은 매우 중요한 일이다.

우리가 원형을 되살려서 후대에 계승시켜야 할 전통음식 중 하나가 우리의 '전통포'다.
'포'는 인류가 수렵 및 채취활동을 하면서 자연스럽게 터득한 조리법이므로 세계 모든 나
라에는 그 나라만의 고유한 양념을 넣은 전통포가 있어 그들의 음식문화를 쉽게 이해하
게 해 준다. 우리의 전통포도 한국의 독창적인 맛을 효과적으로 알리는 데 손색이 없는
음식이다.

하지만 젊은 세대들은 '포' 라고 하면 외식메뉴로 인기가 높은 월남국수 'Pho'를 떠올리거
나, 설령 포가 고기를 말린 음식이라는 것을 알아도 우리의 전통포 맛이 아닌 동남아시
아나 미국, 일본의 포 등 이국의 포 맛을 기억한다. 심지어 일부는 '포'가 우리 전통음식에
는 아예 없는 것으로 알고 있다. 우리의 전통포는 가격이 비싼 쇠고기로만 만들어 쉽게 접
하기가 어려웠던 반면 외국의 포는 저렴한 가격과 편리하고 위생적인 포장 그리고 다양한
맛으로 우리의 포 시장을 선점하였기 때문이다.

우리가 포에 관심을 갖기 시작하였을 때는 사람들의 입맛이 이국의 포 맛에 익숙해졌기
때문에 전통포에 관심을 갖기보다는 이국 포 맛을 따라잡기에 급급하였다. 그 결과 현재
시판되고 있는 포는 이국의 맛도 못 따라가고 우리 전통의 맛을 담지도 못한 아류포가 만

들어졌고 이국의 포는 여전히 우리의 입맛을 훔치고 있다. 우리가 전통포의 맛을 알고 있었다면 이런 현상이 조금은 달라지지 않았을까 하는 아쉬움과 안타까운 마음이 서유구의 포 이야기를 쓰는 큰 동력이 되었다.

지금은 포가 현대인의 생활방식에 맞춰 안줏거리나 간편 영양식으로 편의점에서 흔하게 살 수 있는 가벼운 음식으로 위상이 추락하였지만 우리의 전통포는 관혼상제 등 최상의 의례를 갖추는 자리에 빠져서는 안되는 귀하고 중요한 음식으로, 특히 제사에서 포가 차지하는 비중은 가히 절대적이었다. 옛날처럼 포가 '부'와 '권력'을 상징하는 음식이어야 한다는 것은 아니다. 지금처럼 누구나 먹을 수 있는 음식이어야 하지만 돈벌이의 수단으로 전락하여 마구잡이로 만들어지는 것을 경계해야 한다는 것이다.

이 책은 《임원경제지》 전통음식 복원 및 현대화 시리즈"의 두 번째 편으로 〈정조지〉 제5권 '포석' 편에 나오는 전통포 31가지, 〈정조지〉에서 다루지는 않았지만 조선 후기와 최근까지 일부 집안에서 먹었던 포와 관련된 전통음식 10가지, 〈정조지〉에 담긴 서유구 선생의 포에 대한 생각과 방법을 토대로 현대적으로 재해석해 본 현대포 11가지, 포를 응용한 음식 10가지 등 총 61가지의 포 관련 조리법을 담고 있다.

전통포의 복원 과정은 쉽지 않은 작업이었다. 책을 만들면서 가장 심혈을 기울인 부분은 이 책이 '진짜'여야 한다는 점이었다. 전통음식 관련 책들이 어려운 조리과정을 건너뛰거나 시절(時節)을 무시한 재료로 복원하여 엉뚱한 결과물을 내놓기도 한다. 전통포를 복원하는 일은 많은 수고와 정성 이외에도 재료를 구하기와 〈정조지〉의 포석편을 복원한 선례가 전혀 없어 참고할 만한 자료가 없다는 점도 어려움이었다. 근 1년여에 걸친 여러 차례의 복원과 고민이 이 책에 고스란히 담겨 있다.

이런 시도가 우리의 음식문화 수준과 격을 올리는 동시에 한식 발전을 이끄는 중요한 계기가 될 것이라고 확신하며, 이 책이 우리의 전통포 문화를 널리 확산하는 데 일조하여 우리의 포가 불고기나 갈비처럼 국민적인 사랑을 받는 음식이 되기를 기대한다.

프롤로그

⌣

가장 오래된 음식 포와 세계의 다양한 포 문화

포(脯)는 말려서 먹는 음식의 총칭으로 우리 인류와 시작을 같이 한 음식이다. 포는 아마도 인류가 존재한 이후의 먹거리 중에서도 가장 오래되었고 가장 야성적인 음식일 것이다. '포'는 말린 음식의 총칭이지만 이 책에서는 육류와 조류, 생선을 비롯한 '고기를 말린 것'으로만 한정하였다.

고기를 날 것으로 먹는 '회(膾)'는 야생 동물의 먹이 섭취 방법으로 인간만의 고유한 음식이라고 보기는 어렵다. 또 불에 익혀 먹는 '스테이크' 역시 역사가 오래되긴 하였으나 불을 사용하게 된 후의 조리법으로 '포' 보다는 그 연륜이 짧다. 우리가 즐겨 먹는 음식들의 역사가 의외로 길지 않은 점을 생각하면, 포는 그 깊은 세월만으로도 우리에게 특별한 음식이다. 인간을 비롯한 생명체들은 생존을 위해 음식을 저장하는 능력과 기술을 가지고 있다. 곰이 몸에 지방을 축적하여 겨울잠을 자고 다람쥐가 도토리를 저장하여 춥고 긴 겨울을 나듯 우리 인간은 저장식품으로 생명을 유지했다.

인류의 저장 식품에는 김치와 피클 등의 채소절임과 젓갈 등의 생선절임이 있지만 고기절임인 포는 가장 우수한 단백질의 공급원이라는 점에서 특별하다.

포는 햇볕과 바람으로 건조시키기 때문에 따로 익히거나 굽는 조리과정을 거치지 않아도 되어 열원이 불편한 옛날에는 인간의 수고를 덜어주는 고맙고 든든한 음식이었다. 말린 포는 그냥 먹어도 좋지만 국물을 내거나 가루형태로 다양한 음식에 활용되기도 하여 인류의 음식문화에 크게 이바지하였다.

이처럼 인류와 역사를 같이한 포는 세계 각지에서 다양한 방식으로 만들어졌는데 여기서는 육포를 중심으로 살펴보기로 한다.

인류 역사상 가장 빠른 시간에 가장 넓은 영토를 점령하여 아시아와 유럽을 공포에 몰아넣었던 몽골군의 신출귀몰한 기동력은 육포 가루인 보르츠(Borcha)에서 나왔다. 몽골군들은 양념없이 햇볕에 바짝 말린 포를 고운 가루로 만들어 말린 소나 양의 위장이나 오줌보에 넣어 말 안장에 깔고 다니며 식사를 자체적으로 해결하였다. 말 위에 앉은 채로 보르츠를 서너 수저 물과 같이 먹으면 위 속에서 부풀어 오르면서 영양뿐 아니라 포만감까지 주는 최고의 전투식량이었다.

지형적인 특성으로 다양한 음식문화를 자랑하는 이탈리아의 북부 롬바르디아 지방에서 시작된 브레사올라(Bresaola)는 소의 다리살을 소금에 절인 후 공기 중에서 숙성 건조시킨 육포이다. 소의 다리살 대신 송아지 고기를 사용하고, 염지 과정에서 화이트와인, 설탕, 후추, 타임, 로즈마리, 월계수 잎, 계피, 정향 등을 사용하여 풍부한 맛과 부드러운 육질을 가진 브레사올라 델로솔라(Bresaola dell' Ossola)가 있는데 브레사올라에서 유래하였다. 종잇장처럼 얇게 썰어 차갑게 내어 애피타이저나 루꼴라와 함께 샐러드로 활용된다.

동서양의 문명이 교차하는 터키에는 '눌러진 것'이라는 뜻을 가진 파스티르마(Pastirma)가 있다. 기마전사들이 이동 중 파스티르마를 주머니에 넣어 안장에 매달아 고기가 눌려서 납작해진 것에서 유래하였다. 파스티르마는 관절부위의 고기를 소금에 절인 다음 소금을 씻어 내고 햇볕과 그늘에서 말린 후 후춧가루, 커민가루를 더한다. 풍부한 향을 더하고 보존력을 높이기 위해 파프리카, 마늘, 호로파, 커민 등으로 문지르기도 한다. 아프리카 대륙의 남쪽 끝자락에 있는 남아프리카공화국의 육포인 빌통(Biltong)은 맛도 맛이지만 타조, 쿠두, 멧돼지, 일런드, 얼룩말 등 다양한 수조 육류를 활용한 포를 만들었다는 점이 특별하다. 빌통을 만드는 방법은 소금, 후추, 식초, 설탕, 페리페리 등을 넣어서 바람에 건조시켜 만드는데 겉은 말랐지만 속은 촉촉하고 붉은빛을 띠어야 한다. 빌통에는 매운 고추인 페리페리가 들어가서 매콤하고 깔끔한 맛을 낸다. 남아프리카 사람들은 집집마다 빌통 만드는 기계를 가지고 각자 자신의 입맛에 맞는 빌통을 만들어 먹는다. 빌통은 생고기처럼 정육점, 레스토랑, 대형마켓에서 판매되고 빌통 전용바도 있어 빌통이 남아공의 대표적인 음식으로 얼마나 국민의 사랑을 받는지 알 수 있다.

스웨덴의 화학자 알프레드 노벨의 유산으로 제정된 노벨상의 시상식에 빠지지 않고 나오는 음식이 있는데 바로 수오바스(Suovas)다. 수오바스는 노르웨이, 스웨덴, 핀란드, 러시아 등에 넓게 퍼져 살았던 사미족의 전통음식으로 순록의 고기를 훈제하여 말린 육포다. 순록은 툰드라의 평원에서 풀과 허브, 이끼 등을 먹어 기름기가 적고 비타민과 무기질이 풍부하다. 수오바스는 사미족의 언어로 '연기'라는 뜻으로 순록고기를 소금에 절여서 말린 뒤, 원뿔 모양의 밀폐된 오두막인 카타(Kata)의 바닥에 땔감나무를 쌓아 놓고 불을 지펴

고기를 훈연시킨 다음 말려 날로 먹거나 구워 먹는다.

건조육은 아시아와 유럽대륙에만 존재한 것은 아니었다. 육포를 의미하는 영어 저키(Jerky)는 고대 잉카제국의 말린 고기라는 뜻의 케추아어 차르키(Charqui)에 어원을 두고 있다. 찬란한 문명을 꽃피웠던 고대 잉카인들은 안데스 고원지대의 라마고기를 소금에 절인 뒤 건조시켜 차르키를 만들었다. 차르키는 여행객과 주변 도시인들이 먹을 수 있도록 제국의 중심으로 이어지는 도로를 따라 있는 여인숙에 보관하였다.

태양의 나라 브라질에는 '태양에 말린 고기'라는 뜻의 카르니지소우(Carne de sol)가 있는데 소금에 절인 고기를 햇볕에 반건조시킨 육포로 우리의 장조림과 비슷하다.

세계 각국이 보통은 포 자체를 즐겨 먹지만 태국·싱가포르·말레이시아 등 동남아시아에서는 포가 양념의 개념으로 활용되고 있다. 새우·돼지고기 등의 다양한 포를 가루로 만들어 육수나 음식에 넣거나 고추·강황·생강·마늘·레몬그라스 등의 향신료와 함께 돌 절구에 찧어 고기나 생선 요리의 주양념으로 사용한다. 포의 농축된 진한 맛이 향신료와 어우러진 독특한 풍미는 동남아시아의 음식을 결정적으로 차별화시킨다.

포는 빌통, 수오바스, 파스티르마, 육포 등의 다양한 이름으로 불리며 만드는 방법과 사용된 향신료는 환경에 따라 다르지만 그 결과물은 결국 같다. 지금은 사라진 고대 잉카인의 라마포에서, 썰매를 타고 툰드라 설원을 누비며 순록을 사냥하던 사미족이 만든 수오바스에서, 우리와 위도와 나라 모양이 비슷해서 친근한 이탈리아 사람들이 만들어낸 브레사올라에서 하나됨을 느낀다. 이들을 만난다면 '포'로도 오랫동안 이야기꽃을 피울 수 있을 것 같다. 각 나라가 서로 조금씩 다른 방식으로 포를 만들고 있지만 전쟁이나 문명의 교류를 통해서 포의 조리법이 서로 공유되고 섞였을 것이다. 그래서 포가 여러 민족을 하나로 이어주는 음식이며 포를 통해서 서로 마음을 나눌 수 있는 소중한 우리 인류의 음식이라는 생각이 든다.

우리나라의 포

한국인들의 사계절 밥상에 오르는 대표적인 반찬은 김치다. 특히, 만물이 생산을 멈추고 고요히 휴식을 취하는 겨울철 밥상에서 김치가 차지하는 비중은 가히 절대적이라고 할 수 있다.

첫서리가 내리기 전 수확한 달고 맛이 깊은 다양한 채소를 절여 만든 김치는 다음해 봄

햇채소가 나올 때까지 생채를 대신하는 동시에 밥을 가장 잘 넘길 수 있는 찬이었다. 우리가 주식인 쌀을 식량, 김장김치를 반식량이라고 칭하는 것을 보면 겨울을 나는 김치는 단순한 찬의 가치를 넘어서 생명 그 자체의 음식으로 몸과 마음에 기억되었다. 그래서인지 우리가 떠올리는 밥상은 밥과 국, 그리고 배추김치와 깍두기, 동치미, 한두 가지 나물이 올라간 채소가 주가 된다.

"조선 사람들은 키가 크고 우람하고 잘 생겼다" - 영국 지리학자 이사벨라
"조선인들은 꽤 커보이고 체격도 훌륭합니다" - 프랑스 고고학자 에밀
"코레아 인은 신체가 잘 발달되었고 균형이 잡혀 있다. 일본에서는 내가 다른 사람보다 머리 하나 정도가 더 컸으나 코레아에서는 그렇지 않다." - 스웨덴 기자 아손 그렙스트

위 내용은 조선을 방문했던 서양인들의 눈에 비친 당시 조선 사람들의 외모에 대한 기술이다. 조선인이 현대인 못지않은 균형이 잘 잡힌 멋진 체격을 지녔음을 짐작하게 해 준다. 또한 이방인들은 조선인들이 다른 나라에 비해 모든 것을 수작업으로 하고 운송수단이 발달하지 않아 아주 많이 걷는다고 하였다. 이로 미루어 조선인들은 태생적 환경적으로 균형잡힌 영양을 필요로 하며 밥이 중심인 곡류와 나물, 김치 등의 채소만으로는 영양학적인 한계에 부딪히게 된다. 특히 추운 겨울을 나기 위해서는 동물성 지방과 단백질이 필수적이지만 우리가 떠올린 '한국인의 겨울밥상'에는 두 영양소를 공급할 마땅한 찬이 오르지 않는다. 이처럼 찬에서 부족한 영양을 공급하는 아주 중요한 영양 간식이 사계절 내내 수렵활동을 통해 얻은 고기로 만든 포다.

문헌상 우리나라 포에 대한 첫 기록은《삼국사기》의 신라 신문왕 3년(683)에 있었던 신문왕의 혼례에 관한 기사에서 나온다. 신문왕은 즉위한 지 한 달 만에 반란 모의죄로 공신이었던 소판 김흠돌, 파진찬 흥원, 대아찬 진공 등을 처형한다. 이 중 소판 김흠돌은 놀랍게도 신문왕의 장인이었다. 신문왕은 자신의 장인 김흠돌이 반란을 일으키려고 하였다고 처형 이유를 밝혔다. 김흠돌은 대표적인 진골 가문으로 이 반란 사건에 여러 인물들이 연루된 것으로 보아 신문왕 즉위에 대한 진골 귀족들의 불만이 반란 모의로 이어졌을 것이라고 추정된다.

신문왕은 3년 뒤인 683년 일길찬 김흠운의 딸과 재혼을 한다. 신문왕은 큰 고통을 당한 뒤라 재혼에 대한 기쁨이 무척 컸는지 최상의 예를 갖춰 신부를 맞이하라 명한다. 이에

맞춰 비단을 15수레, 벼 150수레, 쌀·술·기름·꿀·간장 등의 음식 135수레를 신부집에 보내는데 '포'가 포함되어 있다. 이로 미루어 이미 삼국시대 이전부터 포가 귀한 음식으로 대접을 받았다는 것을 알 수 있다. 폐백 예물 덕인지 신문왕과 김흠운의 딸 신목왕후 김씨는 해로하여 그 사이에서 제32대 효소왕(김이홍), 제33대 성덕왕(김흥광)과 김근질, 김사종을 두었다.

고려 시대에 들어서는 불교를 국교를 삼으면서 도축이나 수렵은 물론 어업활동을 통한 채취 및 살생까지도 금지하였다. 당연히 살생의 결과물인 고기음식이 발달하지 못했다. 육고기를 잡고 다루는 것조차 서툴러 송나라에서 사신이 왔을 때 고기를 도축하는 데 애를 먹은 기록이 나온다. 더불어 구리그릇에 육포와 어포를 생선, 채소와 섞어 안주로 술을 대접하였는데 풍성하지는 않았다고 한다. 고려 시대 농우 도살 금지령이 초기(성종)부터 말기(충숙왕)까지 다섯 번 내려졌는데 살생 및 살생을 통한 육류 섭취 금지가 잘 지켜지지 않았음을 알 수 있다.

이자겸의 집에는 미처 먹지 못해 고기가 썩어날 정도로 넘쳤다는 기록도 남아 있어 당시 권력자들은 공공연하게 고기음식을 먹었고 일부 백성들도 사냥과 밀도살을 공공연히 하였던 것으로 추정된다. 이 과정에서 포도 꾸준히 만들어져 포 만드는 방법이 조선시대에 전승된 것으로 생각된다. 《고려도경》에 고려 사람들이 귀천에 관계없이 모두 어패류를 즐겼다고 하므로 어포도 많이 만들어졌을 것으로 생각된다.

고려 시대 몽골의 침략기(1260~1268)에 침몰된 것으로 추정되는 고려 세공선 마도 3호에서 생전복젓갈, 홍합 등과 더불어 상어포와 개고기포가 적힌 목간이 발견되어 개고기포가 공공연하게 만들어졌고 즐겨 먹는 고급음식이었음을 알게 한다.

고려말 원나라의 영향으로 육식이 부활하면서 포 조리법 중 육포 조리법이 발달하였다. 제주도가 원의 말목장이 되면서 말고기도 육포로 만들어졌는데, 특히 조랑말로 만든 포는 담백하고 자양강장 효과가 있어 매년 섣달이면 왕에게 진상되었다. 위의 기록을 보면 고려 시대에는 살생을 금했을 뿐이지 고기음식 먹는 것을 금한 것은 아니었던 것 같다. 내가 직접 살생하지 않은 고기는 먹어도 되는 것으로 이해하면 될 것 같다.

고려의 국시인 살생 금지라는 건국의 이념은 개국 초기 개국 공신들에 의해서 만들어진 통치이념에 불과하였을 뿐 나중에는 이조차 유명무실해졌다는 것을 알게 된다.

조선이 열리고 소를 제외한 도살이 합법화되면서 고기를 먹을 수 있게 된다.

고려에서 발달된 소선(채소)음식은 자연스럽게 조선으로 이어지고 여기에 고기음식까지 더해지면서 조선의 음식문화는 다채로워진다. 유교의 영향으로 관혼상제 음식에 돈과 정성을 아끼지 않았고 자연스럽게 음식문화가 화려한 꽃을 피우게 된다. 특히 제례와 환갑연의 상에 올라온 음식의 가짓수와 화려함이 효심의 정도로 여겨졌다. 혼례에서도 폐백이나 이바지 음식이 곧 가문의 능력이며 신랑 신부의 가치였다. 음식이 상차림과 폐백에 어울리는 화려함을 갖추면서 포도 단순히 말린 음식에서 벗어나 장식성까지 더하여 발달하게 된다.

이처럼 음식이 곧 집안이고 예의이며 권력 그 자체였기 때문에 조선시대에는 남들에게 과시하기 위해 관혼상제 음식 마련에 돈과 정성을 아끼지 않았다.

특히, 조선에서는 고려의 살생 금지로 후퇴하였던 어업기술이 발달하였다. 조선의 강과 바다에서는 물고기가 풍성하게 생산되었고 먹고 남는 것은 포로 만들어져 저장되면서 '어포' 조리법과 '어포'를 활용한 음식이 다채로워졌다.

허균의《도문대작》에는 '경상도 바닷가 사람들은 말린 전복을 깎아서 꽃 모양으로 만들어 꽂는다. 큰 것은 얇게 포를 떠서 만두를 만들면 좋다'라는 기록이 있다. 이로 미루어 1600년 당시 궁궐음식에 필수인 절육(포를 꽃 모양으로 오린 것)까지 전국 각지에 퍼져 있어 한국의 음식문화사에서 조선이 '포의 전성시대'가 열렸던 시대라고 할 수 있다.

조선에서도 농사와 물자운반의 주요 동력원이었던 일소를 보호하기 위해 잡아 먹는 것을 금지하였지만 금지된 맛에 대한 갈망을 이기지는 못하였다. 따라서 포도 소고기로 만든 것을 최고로 쳤고 고조리서에도 소고기로 만든 포가 가장 많이 등장한다.

세종대왕도 소고기를 좋아하여 부왕인 태종이 세종이 상중에도 고기를 먹을 수 있도록 유언을 남겨 3년인 금지기간을 6개월로 줄였다고 한다. 밤 늦게까지 독서를 했던 세종대왕은 시장기를 달래고 잠을 쫓을 겸 소고기포를 즐겨 먹었을 것 같다.

조선시대에는 포가 뇌물로도 많이 쓰였다. 세조실록에는 포를 만들기 위해 일부러 둑을 무너뜨려 물고기를 잡아 포를 만들어 뇌물로 받친 출세에 눈이 먼 관찰사의 황당한 이야기와 죄를 면해 보기 위해서 배 2척에 육포(소고기)와 어포를 실어다 중앙의 권력자에게 뇌물로 주다가 들켰다는 기록이 실록에 나온다. 명나라 사신들에게 주는 선물의 대부분은 음식인데 그 중에서 포가 차지하는 비중이 가장 컸다.

임진왜란 이후에 서서히 무너지기 시작한 신분제도가 조선 후기에는 도망친 노비나 천민들이 돈을 벌게 되면서 궁중 음식이나 양반의 음식을 자신들의 밥상에 올리게 된다. 이 과정에서 음식의 정통성이 조금 훼손되기 시작하지만 이들이 즐겨 먹던 음식들이 새로운 음식문화로 등장한다. 이른바 음식의 대중화가 시작되는 시기라고 할 수 있으며 포 역시 이 신흥세력의 과시 수단으로 사용되게 된다.

조선 후기에는 중국이 일본을 통해 유입하였던 후추나 고추 등의 향신료를 궁궐을 벗어나 일반인들도 널리 사용하게 되었다. 특히, 후추는 천초나 화초 등의 매운맛을 내는 다른 향신료와 함께 육고기의 누린내를 제거하고 향미와 보존성을 높였고 포의 맛과 저장성도 향상시켰다. 조선의 포를 만드는 조리법이 소개된 것은 안동장씨가 시집가는 딸에게 준 조리서인 《음식디미방》이 최초다.

조선 초의 조리서인 《산가요락》이나 김유의 《수운잡방》에는 포가 수록되지 않았다.

《임원경제지》〈정조지〉의 전통포

포에 대한 조리법이 가장 상세하고 풍부하게 담겨 있는 책이 바로 서유구가 편찬한 《임원경제지》〈정조지〉이다. 〈정조지〉는 총 7권으로 구성되어 있는데, 그 중 제5권 고기와 해산물 편에 포 만드는 법이 나온다. 제5권에는 포 이외에 고기와 해산물을 조리하는 다양한 방법이 상세하게 소개되어 있다. 고기나 해산물을 삶기, 굽기, 잘게 나누어 생고기로 먹거나 데치거나 찌기, 소금에 삭혀 먹기 등의 다양하고 기발한 고기(해산물 포함) 조리법이 총 7장에 걸쳐 상세하게 다뤄져 감탄을 자아낸다.

고기와 해산물을 조리하는 일곱 가지 조리법 중 현대를 살아가는 바쁜 우리들에게 가장 적합한 조리법이 바로 포이다. 포! 하면 우리는 보통 소고기 육포와 어포로는 쥐포나 명태 포 노가리를 떠올리게 된다. 나 역시 소고기, 돼지고기, 명태, 대구 등 한정된 재료와 육포 조리법으로 서너 가지만 알고 있는 정도였다.

음식을 장기 보관하는 시설이 없던 시절 선조들은 귀하고 귀한 고기와 해산물을 향신료 와 소금, 술, 햇볕 등의 적절한 활용과 땅에 묻기, 말리기 등의 방법으로 맛과 보존 그리고 영양이라는 세 마리 토끼를 잡았다는 생각을 하게 된다. 특히, 위생이라는 개념이 없던 시 절임에도 조리법들은 한결같이 유해균의 번식을 방지하고 유익균만을 살려 내고 있어 기본 에 충실한 건강한 방법이다. 〈정조지〉에는 내가 만드는 방식과 같은 포가 담겨 있어 친근하 기도 하였지만 처음 만나는 포 조리법은 흥미진진하였다.

포는 생고기를 말려서 만든다는 일반적인 통념을 깨고 삶아서 말리고, 절여서 말리고 훈건 하여 말리는 등 존재하는 다양한 조리법이 다 적용되었다는 점이 흥미로웠다.

또한 포를 만드는 시간도 짧게는 하루에서 길게는 몇 달까지 소요되며 조리방법, 조리도 구, 조리환경에 따라서 실로 다양한 맛과 식감의 포가 등장한다.

결국, 우리가 포라고 알고 있는 생고기를 양념하여 말리는 방법은 여러 포 만드는 방법 중 에서 겨우 한 가지에 불과하다는 것을 알 수 있다.

만약, 〈정조지〉가 일찍 번역되어서 실제 조리에 활용되었다면 한식의 발달에도 상당한 영 향을 미쳤을 것이라는 생각이 든다. 세계인의 입맛을 사로잡을 포가 이미 탄생했을지도 모른다.

전통포의 복원과 현대화

이처럼 반찬으로는 밥상에 오르지 않아 우리의 기억 속에는 사라졌지만 김치와 더 불어 우리 민족을 살아 남게 한 생명의 음식이 바로 '포'다. 높고 낮은 산과 넓고 좁은 강이 조화롭게 어우러진 우리 산천은 생명으로 가득 차 험산에 오르지 않고 저 멀리 바다까지 가지 않아도 포를 만들 수 있는 재료를 사시사철 구할 수 있었다.

가축인 소나 말은 농사를 짓고 물자와 사람을 나르는 데 아주 중요하여 도살이 금지되었 고 돼지나 닭은 잔치에 주로 쓰이는데 먹기에도 부족하였다. 그래서 포는 주로 수렵을 통 해서 얻어진 사슴, 노루, 멧돼지, 고라니, 꿩, 비둘기 등 야생육으로 만들어졌다. 수렵은 야 생육이 지방이 올라 가장 맛이 좋고 숲이 무성하지 않은 초겨울부터 전문 사냥꾼과 가을

걷이를 마친 농민 그리고 사냥을 취미로 하는 먹고 살만한 계층에 의해서 이루어졌다. 겨울철에 걸쳐 집중적으로 얻어진 생수렵육은 생활에 필요한 다른 물건과 교환되기도 하였고 영양을 보충하기 위하여 삶아 먹거나 구워 먹기도 하였지만 대부분은 포로 만들어 저장하여 먹을 수 있도록 하였다.

여자들이 겨울을 나기 위하여 채소로 김치를 담그는 김장을 하였다면 남자들은 수렵육으로 포를 만들어 김장을 하였던 셈이다. 김치는 밥상에 끼니마다 올라 직접 밥을 넘기는 찬으로서 포는 간식이나 별식으로 김치에 부족한 단백질과 지방을 공급하는 역할을 하였다. 이처럼 우리에겐 또 하나의 김장인 포가 있어 조화로운 식생활을 유지할 수 있었다.

포는 다리, 가슴, 어깨, 꼬리 등 부위별로 나누어 만들기도 하였지만 통째로 말리기도 하였다. 살코기는 먹는 시기에 따라 소금의 양을 가감하여 절여 항아리에 담아 김치 항아리와 함께 추운 광에 보관하였다가 겨울 햇볕이나 부뚜막에 넣어 말려 만들기도 하였다.

이렇게 만들어진 포는 가족들의 영양 공급원이기도 하였지만 또 삶의 중요한 끈이기도 하였다. 포 만들기는 다른 음식보다 지속적인 관리가 필요해 노동력의 소비가 큰 데다 포를 만드는 과정은 결코 아름답지가 않다. 넉넉한 집안에서는 소작인이 부족한 소작료로 대납한 포나 사유지를 이용해 수렵육을 취한 사냥꾼들이 이용료로 대신한 포를 사용하였다.

노루고기포, 사슴고기포, 멧돼지고기포, 꿩고기포 등 모아진 포는 집안 행사에 요긴하게 쓰고 친지나 친구에게 선물하기도 하였다. 포가 지방관에게 상납되면 지방관은 다시 지역의 유력자에게 포를 주기적으로 제공하기도 하여 포가 음식 이상의 역할을 하였다. 이처럼 한 세기 전만 해도 일반적이었던 수렵육포가 사라지고 소고기포로 겨우 명맥을 이어오게 된 것은 산림의 황폐화로 야생동물들이 삶의 터전을 잃어버린 것이 가장 큰 원인이다.

〈정조지〉에 나오는 전통 육포에는 천초를 사용하는 경우가 많은데, 이 때문에 어쩌면 먼 이국의 음식처럼 느껴질 수도 있을 것이다. 특히 중국 음식에서 천초가 많이 사용되고 있다는 것을 아는 사람이면 〈정조지〉의 포는 중국식 육포일 것이라고 먼저 단정지을 수도 있을 것이다.

천초는 시원하고 상쾌한 매운맛을 내주는 향신료다. 굳이 고추와 비교해 보면 고추가 자극적으로 열을 발산하여 흥분시키는 뜨거운 매운맛을 낸다면 천초는 점잖고 우아하고 지적인 차가운 매운맛을 낸다고 할 수 있다. 우리나라 사람들이 먼저 들어와 자리를 잡았던 천초를 밀어 내고 나중에 들어온 고추를 더 좋아하는 것은 우리나라 사람들의 화끈한 성정과 고추의 뜨거운 화끈함이 닮았기 때문인 것 같다.

요즘 우리가 별로 즐기지 않는 천초나 산초, 박하, 겨자 등이 예전에는 많이 사용되었던 것을 생각하면 향신료의 다양성이 축소되면서 한국 음식이 다양한 맛을 끌어올리는 데 한계를 갖게 하는 요인 중의 하나다.

현재 아시아 육포 시장을 석권하며 한국인의 입맛 또한 사로잡은 회사의 육포는 강한 단맛과 짠맛, 부드러운 식감으로 유명하지만 돼지불고기나 돼지갈비를 연상시켜 '육포'라고 칭하기엔 뭔가 불편하다. 우리 전통육포는 적당히 질겨 씹는 즐거움이 있고 담백한 고소함과 더불어 풍미가 살아 있어 고기의 본질적인 매력을 잘 담고 있다. 이런 멋진 우리의 육포를 제쳐두고 이국의 포가 '꼭 먹어야 하는 음식', '추억해야 하는 음식'으로 자리매김한 현실이 걱정스럽다.

전통육포 맛을 아는 사람은 이국의 육포맛이 낯설고 거부감이 들지만 전통육포 맛을 모르는 사람은 이국의 육포맛이 전통의 맛이 되고 추억의 맛이 된다. 이는 포뿐만이 아니라 모든 한국 음식에서 일어날 수 있는 현상이며 앞으로 음식문화를 바로 세우고자 할 때 가장 큰 장애요인이 될 것이라는 생각이 든다.

"유럽 여행 갔다가 레스토랑에서 토끼고기를 먹었는데 별미였어"

"중국 호텔에서 비둘기고기를 먹고 공항에서는 악어포를 샀어"

중국과 유럽에서는 전통적으로 먹던 사슴, 거위, 토끼 등의 야생육을 전통 조리법을 기반으로 현대의 조리법을 더하여 고급 음식문화로 정착시켜 현지인뿐만 아니라 관광객들에게 이색 먹거리를 통해 색다른 즐거움을 주고 있다.

전 세계적으로 사육육에 대한 문제점이 제기되면서 자연 속에서 자연을 먹고 자란 수렵육에 대한 관심이 높아지고 있다. 자국의 거친 전통 수렵육 조리법을 다시 복원하여 '옛날 사람이 먹던 음식'이라는 이야기를 담는 한편 전통 조리법에 현대 조리법을 덧댄 새로운 수렵육 음식을 개발하여 음식문화 발달과 더불어 일석이조의 효과를 얻고 있다.

우리는 수렵육이 냄새가 나고 질긴 고기라는 등의 부정적인 인식이 강하여 식육으로서의 가치를 인정받지 못하고 있다. 근래에는 숲이 울창해지면서 늘어난 멧돼지, 고라니 등이 농작물을 망치거나 사람을 공격하는 사례가 늘어나면서 야생동물들이 인간의 삶에 고통을 주는 존재가 되어 버렸다. 산에서 포획한 멧돼지를 고기는 된장에 박아 두고 요긴하게 먹고 사슴고기 육포를 받고 죄를 면해주기도 했던 시절이 있었다는 것을 생각하면 격세지감을 느끼게 된다. 수렵육은 고기가 귀한 시절에는 자연이 준 귀한 선물이었지만 고기가 흔한 지금은 그저 천덕꾸러기일뿐이다. 천덕꾸러기 수렵육을 제대로 활용하는 가장 좋은 방법은 '포'를 만드는 것이라고 생각한다. 선인들이 수렵육포로 생활을 꾸리고 융통하는 데 큰 도움을 받았던 것처럼 수렵육포가 우리에게도 보다 나은 삶을 제공해 줄 것이다.

수렵육으로 만든 포가 '자연의 맛을 담은 건강한 육포'라는 인식이 생겨나면 농촌 산간 지역민의 소득 증대와 일자리 창출에도 큰 효과가 있을 것이다. 사람들이 좋아하는 소고기포, 돼지고기포, 닭고기포도 외국 체인점의 포 모방하기를 멈추고 '포' 만드는 것을 유달리 숭상하였던 선인들의 후손답게 한국의 맛을 담은 제대로 된 포를 만들어 대중화시키는 데 앞장서기를 바란다.

과거의 전통이 현재의 우리를 만들었고 현재의 우리가 미래를 만들어 가기에 한국 음식의 현재와 미래를 위해서는 과거의 음식문화에 대한 이해와 연구가 선행되는 것이 무엇보다 중요하다. 전통을 무시하거나 모르고 만드는 한국 음식은 유행을 타는 음식으로 수명이 짧거나 배를 채우는 음식이 될 뿐이다. 특히 포는 다른 전통음식에 비해 상대적으로 관심이 낮아 우리의 관심 밖으로 영영 사라져 가는 것은 아닌가 하는 염려가 된다.

전 세계적으로 포의 수요는 늘어나고 있으며 이런 추세는 계속될 것이라고 한다. 중국에서는 포가 춘절선물로 인기가 높아지는 등 과거의 품격과 명성을 되찾고 있는데 이는 포에 대한 연구가 선행되었기 때문에 가능한 것이다.

'서유구의 포 이야기'에는 제대로 된 한국 포를 만드는 데 날개를 달아 줄 선인들의 지혜와 기발함이 가득 담겨 있어 포 발전에 많은 도움을 줄 것이라고 확신한다.

제 1 장

〈정 조 지〉 속 의 포

포 석

1부는 《임원경제지》〈정조지〉제5권 고기와 해산물 중 '포석' 편에 나오는 13개의 기사를 토대로 우리의 전통포를 복원하였다. 기사는 총 13개이지만 각 기사 중 2가지 이상의 요리법이 나오는 것들이 많아 이 책에 담긴 레시피는 총 31개이다.

서유구 선생은 '포석' 편의 맨 앞 부분에서 포에 대한 정의를 담고 있다. 이 기사는 서유구 선생이 직접 집필한 《옹치잡지》를 인용한 것이다.

이어서 '육포총방'이라는 제목 아래 《거가필용》을 인용한 포에 대한 전반적 요리법을 담고 있다. 《거가필용》은 중국 원대(元代)에 저술된 것으로 알려진 몽골풍의 가정요리백서이다. 우리의 전통포가 몽골의 포 요리법과 그 뿌리를 함께하고 있음을 알 수 있다.

포석편의 이후 기사들은 《거가필용》을 포함하여 《중궤록》, 《제민요술》등의 중국 서적과 서유구가 저술한 《옹치잡지》와 《산림경제》, 《증보산림경제》 등의 조선 서적, 그리고 일본의 《회한삼재도회》 등에서 인용하고 있다. 아울러 '포석' 편을 통해서 서유구 선생이 조선을 중심으로 당시의 세계 문화를 두루 망라함으로써 보다 나은 삶을 꾸리려고 노력하였음을 느끼게 된다.

'서유구의 포 이야기' 1부 〈정조지〉 포석편의 핵심은 최대한 원형 그대로의 복원이므로 현대인에게는 낯설고 거부감이 들 수도 있지만 전통포에 대한 가치를 다시 한번 생각하고 이해하는 장이 되리라 생각한다.

총론 - 포에 대한 다양한 정의

총론

얇게 썬 고기를 포(脯)라고 하는데, 두드려서 생강과 후추를 뿌린 고기를 단(腶)[음은
단(鍛)이다.]이라 하고, 작은 고기를 통으로 말린 것을 석(腊)[정현(鄭玄)의 《주례(周禮)》
주(註)를 보라.]이라 한다. 포라는 것은 때린 고기이니, 건조시켜 서로 때려서 붙인 것
이다. 수(脩)라는 것은 오그라든 고기이니, 건조시켜 오그라든 것이다. 석은 오래된 고
기이니, 오래되어 남은 고기를 말한다. 길게 늘인 포를 전(脡)[음은 정(珽)이다. 《춘추
공양전(春秋公羊傳)》 주에서는 편 것을 전이라고 한다.]이라 하고, 굽은 포를 구(胸)[음은
구(劬)이다. 《예기(禮記)》〈곡례(曲禮)〉 주에는 속이 굽은 것을 구라고 한다.]라 하고, 뼈
가 붙은 포를 자(胏)[음은 재(滓)이다. 《옥편(玉篇)》에는 포에는 뼈가 있다고 했다.]라 하
고, 생선 말린 포를 수(鱐)[《주례》 소(疏)에는 수는 생선을 말린 것이라 했다.]라 하고,
꿩고기 말린 포를 거(腒)[《주례》 주에는 거는 꿩고기를 말린 것이라 했다.]라 한다.
《옹치잡지》

總論

薄析曰脯, 桎之而施薑椒曰腶[音鍛], 小物全乾曰腊[見鄭氏《周禮》註]. 脯者搏也, 乾燥相搏
著也. 脩者縮也, 乾燥而縮也. 腊者昔也, 謂久殘之肉也. 脯之伸者曰脡[音珽.《公羊傳》註, 伸
曰脡.], 屈者曰胸[音劬.《禮》〈曲禮〉註, 屈中曰胸.], 帶骨曰胏[音滓.《玉篇》脯有骨也.], 魚乾
曰鱐[《周禮》疏, 鱐謂魚乾.], 雉乾曰腒[《周禮》註, 腒雉乾. ○饔饎雜志]

얇게 썬 고기를 포(脯)라고 하는데

일반적으로 고기나 생선을 얇게 옆으로 저며서
나누는 것을 포라고 하거나 말린 음식을 포라고 한다.
〈정조지〉에서는 얇게 썬 고기를 '포'라 하여 포를 얇게
썬 고기의 총칭으로 정의하였다.

두드려서 생강과 후추를 뿌린 고기를 단(腶)이라 하고

포 만들기의 한 과정인 고기를 두드려서 양념인 생강과
후추를 뿌린 것을 단이라 한다고 하였다.
포가 얇게 썬 고기라면 단도 포 만드는 한 과정이 아닌
완성된 음식이었음을 알 수 있다.

작은 고기를 통으로 말린 것을 석(腊)이라 하고

꿩이나 메추라기, 비둘기, 청어, 토끼 등 크기가 작아
통으로 말린 것을 석이라고 하여 노루나 사슴, 멧돼지처럼
큰 짐승을 잘라서 말린 포와 구분하였다.

포(脯)라는 것은 때린 고기이니, 건조시켜 서로 때려서 붙인 것이다.

우리의 전통포는 보자기나 댓돌만큼이나 넓다. 고기를
이어 붙여 포를 뜨기도 하지만 말린 뒤 고기를 서로
붙기 좋게 때려서 크게 이어 붙이기도 한다. 우리가
'포'라고 부르는 현재의 작은 크기의 '포'는 큰 크기의
포와 비교하여 '세포'나 '할포'라고 하는 것이 정확한
표현이다.

수(脩)라는 것은 오그라든 고기이니, 건조시켜 오그라든 것이다.

고기가 건조되면 수분이 빠지면서 오그라든다. 그러나
포 조리법과 식재료에 따라서 포는 덜 오그라지거나
아예 오그라지지 않기도 한다. 예를 들어 고기를 삶아서
만든 포는 덜 오그라지고 잉어처럼 단단한 비늘로 덮혀
있고 등뼈가 단단한 식재는 오래 말려도 수분이 잘
보존되어 오그라지지 않는다. 건조되어도 줄어들지 않는
포와 비교하여 '수'라고 하였다.

석(腊)은 오래된 고기이니, 오래되어 남은 고기를 말한다.

금방 먹어야만 하는 포가 있고 오래 두고 먹을 수 있는 포가 있다. 포 중에서도 소금에 절여 바짝 말려 오래 두고 먹는 포는 석이라고 하고 여름에까지 보관하였다가 국을 끓여 먹어도 좋다.

길게 늘인 포는 전(腆)이다
(춘추공양전 주에서는 편 것을 전이라고 한다.)

일반적으로 포는 가능한 한 넓은 것을 선호하였지만 고기의 부위나 종류에 따라 좁고 긴 포가 있다. 이를 구분하여 전이라고 한다.

굽은 포는 구(朐)이다.

네모 반듯하게 만들어지는 포도 있지만 고기의 특성상 심하게 수축되어 구부러지는 포가 있다. 이를 구라고 하여 반듯한 포와 구분하였다.

뼈가 붙은 포는 자(胏)이다
(옥편에는 포에는 뼈가 있다고 했다.)

통째로 고기를 말리거나 고기만 발라내지 않고 뼈와 함께 토막 내어 말린 포다. 고기만을 이용하여 만든 포와 구분하여 자라고 한다.

생선 말린 포를 수(鱐)라고 한다.

명태, 대구, 민어, 오징어 등 생선을 말린 모든 것을 수라고 하여 육고기 말린 것과 구분하였다.

꿩고기 말린 포를 거(腒)라고 한다.

꿩고기 포를 '거'라고 하는데 '거'는 말린 새고기를 총칭하기도 한다. 따라서 당시에는 꿩고기가 말린 수조류를 대표할 만큼 일반적이었음을 알 수 있다.

육
포
총
방
1

소음악에 빠진 공자를 유혹하는 맛

육포(肉脯) 총방 ❶

《가괄》에 이르기를 "돼지·양과 태뢰(大牢)를 물론하고 1근을 16개의 오리로 자르네. 큰 잔에는 순료(醇醪, 전국)요 작은 잔에는 식초에, 마근과 시라는 8푼씩. 깨끗이 고른 흰 소금 4냥을, 포인(庖人)에게 맡겨 뭉근한 불로 볶도록 한다네. 술이 다하고 식초가 말라 바야흐로 방법이 맞아 떨어지면, 맛이 달아 공자(孔子)가 소(韶)음악을 들었다는 이야기는 논외로 한다."라 했다. 《거가필용》

肉脯總方 ❶

《歌括》云："不論猪, 羊與大牢, 一斤切作十六條. 大盞醇醪, 小盞醋, 馬芹, 蒔蘿八分毫. 揀淨白鹽秤四兩, 寄語庖人慢火熬. 酒盡醋乾方是法, 味甘不論孔聞韶." 《居家必用》

● **주재료**

돼지고기 안심 600g

● **양념재료**

소금 20g
술 200mL
식초 70mL
마근 3g
시라 3g

4

5

● **만들기**

1 돼지고기 600g을 지방과 막을 제거하고 16개의 토막으로 나눈다.

2 술과 소금, 식초, 마근, 시라를 합하여 수저로 소금을 잘 녹인다.

3 돼지고기에 2의 양념액을 붓고 골고루 잘 뒤적인 다음 두 시간 정도 재워둔다.

4 돼지고기와 양념액을 넣고 약한 불에서 뭉근히 끓인다.

5 고기가 익고 양념액이 다 졸아 없어지면 불을 끈다.

6 돼지고기를 꺼내어 구멍이 난 바구니에 받쳐서 남은 수분을 거둔다.

공자는 미식가로 유명한데 고기를 유달리 좋아하였다. 이런 공자가 제나라의 순임금이 만든 소음악에 심취하여 음악을 듣는 3개월 동안 좋아하던 고기맛도 잊어버린다.

'음악에 빠진 미식가 공자를 유혹할 유일한 고기음식이 바로 술, 식초, 소금, 마근, 시라를 조합하여 양념물에 졸이듯 익혀낸 신선한 포다. 무려 2천5백년 전 음식이 지금의 우리를 사로 잡을 수 있을까라는 불안감이 앞선다.

이 포는 돼지고기, 양, 소 등 어떤 고기로 만들어도 좋다고 하여 양념이 잘 배면서 기름기가 없고 부드러운 돼지고기 안심을 사용하였다.

포에 술과 소금의 사용은 익숙하지만 식초와 마근, 시라의 사용은 낯설고 조금은 거부감이 들지도 모른다.

돼지고기에 술과 식초, 소금으로 맛의 균형을 잡았고 고기냄새를 제거하는 데 탁월한 능력을 가진 마근과 향긋한 시라를 더하여 두꺼운 냄비에 고기를 졸이면 마치 향긋한 장조림 같은 포 열여섯 개가 금세 완성된다.

공자가 반한 포의 맛이 궁금하여 뜨거운 상태에서 성급히 맛본 포는 식초의 시큼한 향만 강하고 다른 맛을 느낄 수 없어 공자의 입맛을 의심하게 된다.

실망스러운 마음을 누르고 완전히 포가 식어 향이 제대로 자리를 잡은 다음 결대로 찢어 맛을 보았다.

마근의 다소 강한 향과 시라의 시원하고 향긋한 향이 조리과정에서 상쾌함을 잃어버린 포에 톡 쏘는 맛을 살짝 더하여 생기를 준다. 식초가 고기의 단맛을 끌어 올리면서 다른 양념과 조화를 이루지만 맛으로 공자를 사로잡기에는 부족하다.

공자는 '고기를 좋아하는 까탈스러운 미식가'로 유명하다. 공자의 '음식 까탈'은 맛보다는 남다른 위생관념에서 비롯된다. 이 육포는 양념을 하고 고기를 삶는 과정 속에서 완벽하게 살균되기 때문에 볕에만 의지하여 말린 포보다 안전하고 신선하다.

마근과 시라는 소화를 촉진하고 향긋한 향은 포에 품격을 더해 주어 음식의 위생과 소화, 향미, 맛을 골고루 고려하는 까탈스러운 공자의 구미에 잘 맞았던 것 같다.

2천5백년 전 공자를 유혹했던 포가 재미있고 흥미로운 이야기까지 더해져 우리를 사로잡는다.

육포총방 2

겨울, 수렵육 그리고 포

육포(肉脯) 총방 ❷

양·사슴·노루 등의 고기를 오라나 편으로 만든 뒤 힘줄과 막을 제거하고 비계를 약간 붙여둔다. 고기 1근당 소금 1냥을 쓰되 날씨가 따뜻해지면 소금 1.5푼을 더하고 반나절 동안 절인다. 술 1.5되와 식초 1잔을 넣고 이틀 밤을 묵힌 뒤 꺼내어 볕에 말린다. 《거가필용》

肉脯總方 ❷

羊, 鹿, 獐等肉, 作條或片, 去筋膜, 微帶脂. 每斤用鹽一兩, 天氣煖, 加分半醃半日. 入酒升半, 醋一盞, 經兩宿, 取出曬乾.《同上》

● **재료**

사슴고기 600g
소금 37.5g
(따뜻한 날씨에는 소금 5.5g을 추가한다)
술 500mL
식초 200mL

● **만들기**

1   비계가 붙은 사슴고기를 힘줄과 막을 제거하여 손질한다.

2   잘 손질된 사슴고기를 약 2cm 두께로 썰어 둔다.

3   썬 사슴고기를 소금 37.5g을 넣어 반나절 동안 절여 둔다.

4   반나절 동안 절인 사슴고기에 술과 식초를 넣고 2일간 숙성시킨다.

5   숙성된 사슴고기를 햇볕에 말린다.

3

이 육포총방은 사슴, 노루, 고라니, 멧돼지 등의 야생 수렵육을 이용하여 만드는 포다.

비계가 붙은 고기를 적당한 크기로 썰어 1차로 소금으로 염지한 다음, 술과 식초로 절이는 2차 염지 과정을 거쳐 햇볕에 말려서 포를 만든다. 수렵육은 따뜻한 계절에는 지방이 없어 퍽퍽하고 질기지만 겨울에는 비계가 붙으면서 부드럽고 맛이 좋아진다.

수렵육 중에서 노루와 사슴으로 포를 만들어 보았다.

1차 소금 염지 과정에서 삼투압 현상으로 발생된 수분이 빠지면서 수렵육 특유의 냄새가 줄고 질긴 조직은 쫄깃해진다. 술과 식초에 절이는 2차 염지 과정을 통해 수렵육 특유의 냄새는 더욱 줄어들고 육질은 좀 더 부드러워지면서 향미도 더해진다.

소금의 양을 고기 600g과 소금 37.5g을 기본으로 하여 날씨가 따뜻해지면 5.5g을 더하라 하여 온도에 따른 소금의 양을 조절하였다. 비계를 가진 수렵육은 음력 9월부터 1월까지 얻을 수 있으므로 소금 5.5g을 더하는 따뜻한 시기는 음력 1월 경임을 짐작할 수 있다. 생사슴고기는 붉은빛이 강하고 노루고기는 봄 저녁노을처럼 약간 노르스름한 빛이 돌아 구별이 되지만 말리면 조직이 똑같아서 구별하기가 힘들어진다.

말린 사슴과 노루고기 포를 석쇠 위에 올려 구워 먹어 보았다.

향신료 없이 소금과 술, 식초만으로 포를 만들어서 노루나 사슴고기 특유의 육향이 고기에 적당히 담겨 있어 야생의 향취가 느껴진다. 거친 수렵육을 소금, 술, 식초만의 단순한 양념으로 먹기에 편안한 포를 만들어 낸 육포총방의 조리법이 놀랍다.

육
포
총
방
3

인내와 정성, 그리고 자연이 하나되다

육포(肉脯) 총방 ❸

양과 소 등의 고기를 뼈를 제거하고 깨끗이 두드려 작고 긴 덩이들로 만든 뒤, 고기의
열을 머금은 채로 정하고 살찐 덩이 3~4개를 사이에 두고 1개의 묶음을 만든다. 고
기를 베로 싸고 돌로 눌러 하룻밤을 묵힌다. 1근당 소금 8돈, 술 2잔, 식초 1잔을 써
서 3~5일 동안 매일 한 번을 뒤집고, 절인 지 10일 뒤에는 꺼내서 햇볕에 저녁까지
말리고 다시 소금물에 넣되 즙이 다할 때까지 한다. 즙이 다 마르면 부엌의 연통 가에
걸어두는데, 이 방법은 오직 납월에만 만들 수 있다. 《거가필용》

肉脯總方 ❸

羊, 牛等肉, 去骨淨打, 作小長段子, 乘肉熱精肥, 相間三四段, 作一垜. 布包石壓經宿. 每斤用
鹽八錢, 酒二盞, 醋一盞, 醃三五日, 每日翻一次, 醃十日後, 日曬至晚, 却入滷汁, 以汁盡爲度.
候乾挂廚中煙頭上, 此法惟臘可造.《同上》

● **주재료**

소고기 양지살 600g

● **양념재료**

소금 30g
술 400mL
식초 200mL

● **도구**

베 보자기
누름돌

* 조리법에 사용된 술과 식초의 양은
  소금 여덟 전의 양에 맞추어서
  계량하였다.

3

4

● **만들기**

1 뼈를 제거한 소고기 양지살 600g을 작고 긴 덩이로 썰어 둔다.

2 소고기 3~4 덩어리를 한 묶음으로 만들어 베 보자기로 싼다.

3 베 보자기에 싼 소고기를 돌로 눌러 하룻밤을 둔다.

4 돌에 눌린 소고기를 베 보자기에서 꺼내어 소금, 술, 식초를 넣고 절인다.

5 절인 소고기를 10일 정도 절여 두는데 3~5일 동안은 양념이 골고루 흡수되도록 매일 한 차례씩 고기를
   뒤집어 주고 나머지 기간은 뒤집지 않고 그대로 두고 절인다.

6 10일간 절인 소고기를 꺼내어 햇볕에 말리는데 저녁에는 다시 소금물에 넣는다.

7 아침이 되면 다시 소고기를 햇볕에 말리고 저녁에는 소금물에 담근다.

8 볕에 말리고 소금물에 담그는 과정을 소금물이 다할 때까지 반복한다.

9 소금물이 다하면 부엌의 연통 가나 부뚜막 근처에 두고 말린다.

납월(음력 12월)의 한겨울 추위와 찬 바람, 그리고 엄한 어머니 같은 겨울 햇볕과 큰 누이처럼 포근한 아궁이의 은은한 열기를 이용해서 만드는 포다. 〈정조지〉 육포 중 손이 많이 가는 육포로 자연의 기운과 사람의 정성이 만들어 낸 육포다.

조리법의 특성상 소고기는 기름기가 적은 우둔살이나 홍두깨살 부위보다는 지방이 적당히 있으면서 결이 있어 부드럽게 찢어지는 양지살을 사용한다.

잡은 지 얼마 안되는 신선한 소고기를 무거운 돌로 누르면 고기의 단단한 근육이 풀어지면서 연해지고 핏물도 빠진다. 양념에 절인 소고기를 낮에는 뜨거움을 잃어버린 겨울 햇볕에 말리다가 밤에는 양념물에 담그기를 반복하면 고기는 빈혈환자 낯빛처럼 창백하고 조금은 질겨 보인다.

회색빛이 도는 고기를 화덕 앞에 걸어 두고 말렸다. 말리기 전의 긴 과정에 비하면 정작 말리는 시간은 짧다. 드디어 한 달여 만에 포가 완성되었다.

고기가 연통 가에서 훈제되면서 좀 먹음직스러운 색이 입혀지리라 기대했는데 시간이 짧고 훈제 환경이 적합하지 않아서인지 포는 납빛으로 창백하게 굳어져 있어 입맛을 당기지는 않는다. 매력 없는 겉모습과는 달리 먹어 보면 고기를 식초와 술에 오래 절여서 담백하고 연하면서도 탄력이 있다.

이 육포총방은 조리법의 특성상 퍽퍽한 소고기보다는 부드러운 양고기가 더 적합할 것 같다. 만약 소고기를 사용할 경우에는 지방이 적당히 섞인 부위가 눈으로도 예쁘고 맛도 더 좋을 것 같다.

6

육
포
총
방 4

천초와 파의 매콤함을 살린 저염포

육포(肉脯) 총방 ❹

쇠고기 포와 사슴 포의 좋은 고기를 다소에 구애받지 말고 힘줄과 막을 제거하고 잘라서 오리나 덩이를 만든다. 고기 2근당 소금 6.5돈, 천초 30알, 파 큰 것 3줄기(가늘게 자른 것), 술 큰 걸로 1잔과 같이 3~5일을 절이되, 매일 5~7번을 볕에 말린다. 돼지와 양도 이와 같다. 《거가필용》

肉脯總方 ❹

牛腊, 鹿脩好肉, 不拘多少, 去筋膜, 切作條或作段. 每二斤, 用鹽六錢半, 川椒三十粒, 蔥三大莖(細切), 酒一大盞, 同醃三五日, 日翻五七次, 曬乾. 猪羊倣此.《同上》

● **주재료**

사슴고기 1200g

● **양념재료**

소금 24g
천초 30알
가늘게 자른 파 큰 것 3줄기
술 200mL

2

● **만들기**

1   사슴고기 포를 힘줄과 막을 제거하고 적당한 덩이로 만든다.

2   사슴고기 2근에 소금 24g, 천초 30알, 가늘게 자른 파 큰 것 3줄기, 술 200mL를 넣는다.

3   양념을 넣은 사슴고기를 따뜻한 날씨에는 3일간, 추운 날씨에는 5일간 절인다.

4   절인 사슴고기를 매일 햇볕에 말리는데 하루에 5~7번 뒤집어 주면서 말린다.

이 육포총방은 짠 맛이 절제된 저염포다. 염도가 낮아서 고기가 상하는 것을 술과 천초, 파 그리고 오래 절이기로 조절하였다. 천초와 파는 강한 방향성이 있어 술과 더해지면 유효성분이 잘 우러나 고기의 부패를 방지하고 매콤한 맛과 향을 고기에 덧입혀 포의 맛을 끌어올려 준다. 프랑스의 페노드가 육류에 사용되면 고기의 맛을 크게 변화시키는 것과 같은 원리다.

사슴고기를 스테이크처럼 두툼하게 썰어 주어진 양념대로 보름간 절여 초가을의 뜨거운 햇볕에 말렸다.

절인 고기는 파리가 접근하지 못하도록 그물망에 넣고 공중에 매달아 골고루 말렸다. 가끔씩 뒤집어 줄 때는 파리가 들어가지 않도록 주의해야 한다. 고기가 두툼하기 때문에 자주 뒤집어 주면서 말려야 상하지 않고 좋은 포가 만들어진다.

말린 사슴고기를 잘 거두어 이틀쯤 냉장고에서 휴식을 시킨 다음 칼로 잘랐는데 고기 속은 천초의 상쾌한 향이 조금 약한 것 같아 천초를 담가 둔 술을 포에 조금 발라서 구웠다.

포가 짜지 않아서인지 녹향과 천초의 상쾌함이 입안에 강하게 메아리치듯 퍼지고 파 향기는 살짝 수줍은 듯 나타난다. 입안에서 부는 상쾌한 바람이 온몸으로 들이친다.

Tip
페노드(Pernod)는 회향, 감초 등이 들어 있는 독특한 향기가 나는
프랑스 술이다. 희석하여 감기약으로 마시기도 한다.
고기 조리에 사용하면 잡내가 제거되고 독특하고 이국적인 향이
음식에 고급스러움을 더해준다. 천초를 술에 담가서 숙성시킨 후
고기나 해산물 조리에 사용하면 페노드와 비슷한 효과를 낸다.

・ 포석 ・ 05

육 포 총 방 5

포를 말리면서 파리를 쫓는 방법

육포(肉脯) 총방 ❺

고기를 볕에 말릴 때는 기름을 발라야 파리가 꼬이지 않는다. 《물류상감지》

肉脯總方 ❺

曬肉須油抹, 不引蠅子.《物類相感志》

● 주재료

생소고기 포 4쪽

● 양념재료

참기름 5g
들기름 5g
식용유 5g

겨울을 제외하고 포를 만들 때 가장 큰 고충은 극성스러운 파리의 접근을 막는 일이다. 잠시만 방심해도 파리가 침투한다. 물론 식품건조기에서 포를 만들면 이런 고민은 없지만 서유구 선생이 〈정조지〉를 쓰던 시대와 동일한 조건에서 복원하는 것이 조리법에 대한 이해와 공감을 불러 일으키므로 현대 조리도구의 도움을 가급적 받지 않았다.

〈정조지〉 육포총방에 고기에 기름을 바르면 파리가 앉지 않는다는 구절에 귀가 솔깃하기도 하지만 한편으로는 미덥지 않다. 기름도 어떤 기름이라고 정해지지 않아 막연하다.

가장 흔하게 쓰는 참기름을 바르면 참기름 향기에 취해 파리가 날아드는 불상사가 발생할 것 같다. 사실 이 모든 걱정은 선생의 말씀과는 달리 기름을 바른 고기에 파리떼가 몰려들까 불안한 마음이 앞서기 때문이다. 나는 선생에 대한 불신의 마음을 갖게 될 것이고 나머지 포를 만드는 일에 흥미를 잃고 방황할 것 같기 때문이다. 날씨가 아침 저녁으로 쌀쌀해져서 파리가 사라질 것 같아 서둘러 신선한 소고기 네 쪽을 같은 크기로 준비하였다. 들기름, 참기름, 식용유를 바른 고기 그리고 기름을 바르지 않은 고기를 준비하여 나무 도마 위에 올리고 밖에 두었다. 맑았던 하늘이 우중충해지면서 기온이 뚝 떨어지고 바람이 분다. 그 많던 파리들이 다 사라졌다. 두서너 마리 오기는 오는데 센 바람에 맥을 못추고 비실거린다. 그 좋아하던 고기에도 전혀 관심이 없다. 저녁 때가 되어서야 새끼파리들이 서너 마리 왔는데 신기하게도 기름칠을 안 한 고기에 앉는다. 첫 날은 이 정도로 만족하면서 불안한 마음을 반쯤 접는다. 며칠 뒤 날이 맑아지자 접었던 파리 실험을 다시 하였다. 이번 실험에서는 들기름은 사용하지 않았다. 오늘은 기름 안 친 고기에 파리가 몰려든 장면을 사진을 찍으려 한다. 고기가 담긴 도마를 내어놓고 무심한 듯 신경을 쓰지 않았다. 파리야~ 파리야~ 이리 날아 오너라 라고 마음 속으로 노래를 부르며 파리를 초청한다. 한동안 다른 일에 열중하다가 창 밖을 본 나는 깜짝 놀랐다. 기름을 바르지 않은 고기에 새까맣게 파리가 앉아 있는 것이 아닌가. 기름을 바른 나머지 고기에는 파리가 전혀 앉지 않았다. 식용유를 바른 고기에도 파리가 앉지 않은 것으로 보아 기름의 향과는 관련이 없는 것 같다. 이제 나는 선생을 의심하지 않고 나머지 포를 열심히 만들어야 할 것 같다.

육포총방 개괄

⌣

육포총방은 꿩, 닭 등 두 발 달린 조류를 제외한 돼지, 소, 양, 사슴 등의 가축류와 수렵육에 공통으로 적용되는 육포 조리법이며 각 고기의 특성을 살린 포 조리법은 뒤에서 다루어진다.

고온다습한 우리에서 잡식을 하며 놀기만 하고 자란 돼지, 풀을 먹고 농사를 돕고 짐을 나르며 인간을 돕는 소, 억센 산야초를 주식으로 자유롭게 산을 누비는 사슴 등의 다름을 아울러서 각각 고유의 풍미와 식감을 살린 포를 만드는 비법이 바로 〈정조지〉 육포총방 안에 담겨 있다.

육포총방에는

1 고기를 양념에 볶아 말리기
2 고기를 1차로 소금 염지한 후 2차 염지하여 볕에 말리기
3 고기를 양념에 절인 다음 볕에 말리기와 절이기를 반복한 후 훈연하기
4 고기를 양념에 절여 말리기

총 네 가지 각각 다른 조리법으로 만든 포와 포를 말릴 때 파리가 꼬이지 않도록 하는 비법이 담겨 있다.

우리는 '포'를 볕에 말린 고기라고 알고 있어 〈정조지〉 육포총방의 삶거나 볶아 익히면서 수분을 제거해 만든 포를 접하면 조금은 당황스럽다. 고기 삶는 법을 다룬 〈정조지〉 '갱확' 편을 '포석' 편으로 착각하였는지 다시 책을 뒤적여 보기도 한다.

우리는 육포총방의 네 가지 조리법을 통해서 포가 양념에 절인 고기를 햇볕, 불, 연기 등의 다양한 건조법으로 수분을 제거한 고기임을 새롭게 알게 되면서 〈정조지〉 '포석' 편에 첫 발을 내딛게 된다.

육포총방의 네 가지 포는 고기의 종류와 관계없이 모두 소금으로 간하여 간결하고 담백한 맛을 살렸고 살균·방부·연육작용과 향취를 더하기 위하여 액체 양념인 술, 식초를 더하였다. 향과 맛이 강한 천초, 회향, 시라, 파 등의 향신채와 향신료를 고기 고유의 성질과 향에 맞춰 적절히 사용하여 향미를 조절하였다. 특히, 좋은 소금을 선별하여 정하게 다루는 것과 계절에 따른 온도 변화에 맞춰 소금의 양을 가감하여 사용하는 것을 강조하고 있어 소금의 품질과 적량이 좋은 포를 만드는 조리법의 핵심이라는 것을 네 가지 육포 조리법을 통해 알게 된다.

사실, 육포총방은 네 가지 조리법에 불과하지만 사람이 먹을 수 있는 네 발 달린 짐승의 고기를 모두 응용하여 포를 만들 수 있으므로 확장성은 넓다.

〈정조지〉 포석편의 육포총방을 시작으로 긴 세월 동안 글로만 남겨진 채 잠자고 있던 포가 긴 기지개를 켜며 깨어나 우리 앞에 모습을 드러냈다.

천
리
포

영원히 변치 않을 사랑

천리포(千里脯)

소·양·돼지고기는 모두 천리포를 만들 수 있다. 고기 정한 것 1근, 진한 술 2잔, 맑은 식초 1잔, 흰 소금 4돈[겨울에는 3돈], 회향·산초가루 1돈을 섞은 뒤 하룻밤을 묵힌다. 묵힌 고기를 중간불에 끓여 즙이 마른 뒤 볕에 쬐어 말리면 맛이 빼어나고 한 달은 둘 수 있다.《준생팔전》

千里脯方

牛, 羊, 猪肉皆可. 精者一斤, 釀酒二盞, 淡醋一琖, 白鹽四錢[冬則三錢.], 茴香·花椒末一錢, 拌一宿. 文武火煮, 令汁乾曬之, 妙絶, 可安一月.《遵生八牋》

● **주재료**

소고기 600g

● **양념재료**

진한 술 400mL
묽은 식초 200mL
소금 15g
(겨울에는 소금 11g)
회향 3.7g
산초가루 3.7g

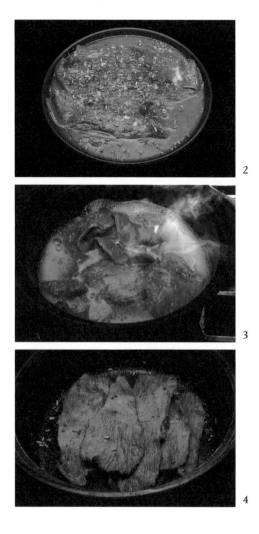

2

3

4

● **만들기**

1 소고기 600g을 0.7cm 두께로 포를 떠서 준비한다.

2 포를 뜬 소고기에 진한 술 400mL와 묽은 식초 200mL, 흰 소금 15g(겨울에는 11g),
   회향 3.7g, 산초가루 3.7g을 섞은 뒤 하룻밤을 재운다.

3 재운 소고기를 중간 정도의 불에서 즙이 마를 때까지 끓인다.

4 즙이 마르면 소고기를 햇볕에 내다 말린다.

천리를 가도 변하지 않는 포라 하여 천리포라는 이름을 붙였다. 모든 고기가 가능하고 소금, 식초, 술을 기본으로 회향과 산초를 더하여 만들어 한 달은 두고 먹을 수 있다고 하였다. 천리는 한 달 정도면 누구나 능히 걸어가는 거리다. 천리포의 한 달이라는 유통기한과 사람이 한 달에 평균 천리를 걸을 수 있다는 사실적인 연관관계가 재미있다.

서유구 선생이 서울에서 전주까지 전라관찰사로 부임하는 데 보름이 걸렸으므로 한양 집에서 가져온 천리포는 전주에 안착한 뒤에도 보름을 더 두고 들었을 것이다.

천리포는 계절에 구애받지 않고 짧은 시간에 급히 만들 수 있는 속건포다.

먼길을 떠나는 사람의 행장에 담긴 천리포는 보내는 사람과 떠나는 사람 모두에게 근심을 덜고 든든함을 주기에 충분하다.

만드는 방법이 육포총방의 공자가 좋아하였던 포와 유사하지만 삶아서 익힌 다음 다시 햇볕에 말려 수분을 제거하여 장기 보관할 수 있도록 한 것이 특징이다. 그리고 방부성이 뛰어난 회향과 산초가 천리포를 더욱 천리포답게 만들어 준다.

천리포는 술과 식초에 하룻밤 재운 고기를 중간 불로 급히 삶기 때문에 포의 두께는 두껍지 않아야 한다. 특히, 휘발성이 강한 식초나 술이 빨리 증발하여 고기가 설익을 염려가 있으므로 더욱 그렇다.

포의 수분 제거율에 따라 한 달을 두고 먹는 천리포가 되거나 보름을 두고 먹을 수 있는 오백리포, 삼일을 두고 먹는 백리포가 되기도 한다.

Tip
흰 소금은 잘 정제된 좋은 소금을 의미한다. 흰 소금은 포의 맛도 좋게 하지만
포의 색을 좋게 내어 포가 맛있게 보이도록 한다.
소고기 포의 두께 0.7cm 는 포의 건조기간과 식감, 포의 외관을 고려했을 때
가장 이상적이라고 생각하는 고기의 두께다.

쇠
고
기
육
포
1

이 보 다 더 좋 을 수 없 다

쇠고기육포 ❶

쇠고기로 포를 떠서 소금을 뿌린 뒤 자리 위에 편다. 또 다른 자리로 덮고 사람들을
시켜 어지러이 밟게 한다. 얼마간 시간이 흐른 뒤에 널어서 볕에 말린다.《산림경제보》

牛肉脯方 ❶

牛肉作脯, 糝鹽鋪席上. 又以他席覆之, 令人亂踏之. 移時控起曬乾.《山林經濟補》

● **주재료**

소고기 우둔살 600g

● **양념재료**

소금 10g

● **도구**

고기 건조용 자리 2개
자리와 같은 크기의 면 보자기 2장

● **만들기**

1   소고기를 0.7cm 두께로 포를 뜬다.

2   포 뜬 소고기 위에 소금을 뿌린다.

3   자리를 펴고 위에 면보를 깔아둔다.

4   면보 위에 소금 뿌린 소고기를 편다.

5   소고기를 다른 면보로 덮는다.

6   면보 위를 다른 자리로 덮고 덮은 자리 위에 올라서서 발로 꼼꼼하게 밟는다.

7   자리를 걷고 밟은 소고기를 햇볕에 내다 말린다.

2

상고 시대 이래로 농사에 큰 도움을 주는 소를 먹는 것은 금기시되어서인지 우리는 유달리 소고기를 좋아하고 집착한다. 〈정조지〉 포석편의 소고기, 사슴고기, 돼지고기 등 여러 고기로 포를 만드는 법 중에서 소고기포가 가장 먼저 소개된 것이 우연은 아닌 것 같다.

〈정조지〉 포석편의 31가지 육포 중 가장 간단한 방법으로 만들었지만 소고기 본연의 맛을 잘 끌어낸 육포다. 조리법에 들인 정성에 비해 결과물이 만족스러워 이보다 더 좋을 수가 없다. 양념은 달랑 소금 하나요 그릇도 없이 만들 수 있다. 소고기는 발로 밟아서인지 핏물과 수분이 제거되어 빨리 건조되고 맛도 가볍고 산뜻하다. 사람의 체중에 자연스럽게 눌린 포는 두꺼운 창호지처럼 반투명하여 성애가 낀 차가운 겨울 유리창 같다. 포를 날로 먹으면 담백하고 깔끔하지만 포에 소금 하나만 들어가 약간 날고기 냄새가 나는 것 같아 참기름을 발라 불에 살짝 구워 먹어 보았다. 쌀쌀맞은 포에 참기름과 열기를 더해주자 부드러워진 육질이 고소함과 함께 입안에서 잔치를 벌인다. 포를 밥반찬으로 마른멸치처럼 칼칼한 고추장에 찍어 먹었는데 포와 함께 밥도 꼭꼭 씹혀서 넘어간다. 이보다 더 좋을 수는 없다.

Tip

원문에서는 자리 위에 면보를 깔지 않지만 자리 위에 소고기를 바로 펴고 밟으면 소고기의 핏물이 자리 밖으로 새어 나온다. 자리 위에 면보를 깔고 고기를 밟으면 위생적이고 핏물이 면보에 잘 흡수되어 포의 맛이 더욱 좋아진다.

6

쇠고기육포 2

화로와 배롱이 만들어 낸 배포법

쇠고기육포 ❷

배포법(焙脯法) : 쇠고기를 힘줄과 비계를 깨끗이 제거하고 얇게 갈라 포를 떠서 흰 소금과 천초[눈을 제거한 것]를 뿌린다. 화롯불 위에 배롱을 두고 포를 배롱 가에 걸어 불에 쬐어 말리면 극히 연하고 맛이 있다. 양고기와 사슴고기는 모두 이 방법에 따라 육포를 만들 수 있다. 《옹치잡지》

牛肉脯方 ❷

焙脯法 : 牛肉淨去筋脂, 薄析爲脯, 用白鹽, 川椒[去目]糝之. 爐火上置焙籠, 以脯挂籠上焙乾, 極脆美. 羊肉, 鹿肉, 皆可倣此造.《饔饎雜志》

● 주재료

소고기 600g

● 양념재료

소금 11g
천초 10g

● 도구

화로
배롱

4

● 만들기

1   소고기를 힘줄과 비계를 떼어 내고 0.4cm 두께로 포를 뜬다.

2   포를 뜬 소고기에 소금과 천초를 뿌려 양념한다.

3   화로에 뜨거운 숯을 설치한다.

4   화로 위에 배롱을 덮는다.

5   배롱 위에 소고기포를 고기가 접히지 않도록 주의하며 널어 준다.

6   배롱 위의 소고기포가 골고루 마르도록 뒤집어 준다.

7   소고기포가 마르면 거둔다.

배포법은 겨울철 방 안의 필수품인 화로와 배롱이라는 낭만적인 이름을 가진 도구를 이용하여 포를 만드는 방법이다.

배롱의 배는 '불을 쬐다'라는 뜻과 '배롱'이라는 두 가지 뜻을 가지고 있다.

'배롱'은 화로에 씌워 놓고 기저귀나 젖은 옷을 말리는 도구로 대나무를 가늘게 쪼갠 대오리나 좁은 쇠테로 만드는데 큰 바구니를 엎어 놓은 모양이다.

화로 위에 배롱을 씌우고 얇게 포를 떠서 소금과 천초로 단순하게 양념한 소고기를 뭉근한 불 기운을 빌려 말리면 극히 연하고 맛이 있다고 하였다.

옷 건조기인 배롱을 식품 건조기로도 활용한 선인의 기지에 작은 탄식이 나온다.

배롱을 구하기 위해 백방으로 알아본 결과 배롱은 화로의 큰 불씨가 사그라지면 설치해야 한다는 정보를 얻는 데 그쳤다. 배롱이 없다고 배포법을 포기할 수 없어 직접 제작하기로 하였다. 좁은 쇠테에 구멍을 내고 둥글게 말아 용접을 한 다음 구멍을 낸 자리에 가늘게 자른 대나무를 끼워 나가자 작은 병아리 집 같은 배롱이 완성되었다.

고기는 빠르게 건조하도록 얇게 썰고 간은 냄새가 없는 소금을, 향신료는 상쾌한 감귤향이 나는 천초를 사용하여 배롱에 펼쳐 놓았다.

화로에 쓰이는 숯은 내부 온도가 높아 은은하게 뜨거워 처음에는 더디 마르는 것 같지만 하룻밤이 지나면 수분이 다 날아가고 고기는 오그라져 있다.

배롱과 화로가 같이 만들어 낸 배포는 화롯불이 더해준 불 향과 천초와 소금의 단순한 맛이 절묘한 조화를 이루어 너저분한 털을 다듬어 깨끗하게 손질한 알토란 같다.

배포법으로 겨울철의 방 안이라는 제한된 환경과 화롯불과 배롱이라는 도구를 활용하여 멋진 포를 만든 선인들에게 박수를 보낸다.

Tip
화로의 숯에 마른 솔잎을 더하면 고기에 솔향이 가득 입혀진
건강에 좋고 향도 좋은 배포가 만들어진다.

· 포석 · 09

쇠고기육포 3
우리에게 친숙한 장포법

쇠고기육포 ❸

장포법(醬脯法) : 쇠고기의 정한 부위를 비계와 막을 깨끗이 제거하고 갈라서 손바닥크기의 얇은 편으로 만든 뒤 칼 등으로 대략 찧는다. 고기편을 참기름에 달인 맛좋은 간장, 후춧가루, 생강가루, 볶은 참깻가루를 써서 고루 섞은 뒤, 볕에 반쯤 말린다. 또 고기편을 참기름에 달인 간장과 물료를 써서 고루 섞은 다음, 다시 볕에 말려 다시 섞는다. 이와 같이 3~5번을 하여 자기 항아리에 거두어 저장한다. 《옹치잡지》

牛肉脯方 ❸

又醬脯法 : 牛精肉, 淨去脂膜, 析作掌大薄片, 以刀背略搗. 用芝麻油煉過美醬, 胡椒屑, 生薑屑, 炒芝麻屑, 拌均曬半乾. 又用油醬, 物料拌均, 更曬更拌, 如是三五次, 磁缸收貯. 《同上》

● **주재료**

소고기 홍두깨살 1200g

● **양념재료**

달인 참기름 간장 85mL
생강가루 25g
볶은 참깻가루 25g
후춧가루 10g

● **만들기**

1   소고기의 기름기를 제거하고 손바닥 크기의 얇은 편으로 만든다.

2   소고기를 칼등으로 대략 두드려 둔다.

3   그릇에 달인 참기름 간장, 볶은 참깻가루, 후춧가루, 생강가루를 써서 고루 섞는다.

4   칼등으로 두드려 둔 소고기에 3의 양념을 가볍게 발라 준다.

5   양념된 소고기를 햇볕에 내다가 꾸덕꾸덕해질 때까지 반쯤 말린다.

6   반쯤 말린 소고기에 3의 양념을 발라 준다.

7   양념을 바른 소고기를 다시 햇볕에 내다 말리고 다시 양념을 바르기를 3~5회 반복해 준다.

8   소고기가 햇볕에 바싹 마르면 자기 항아리에 담아 보관한다.

5

6

장포법은 〈정조지〉 포석편의 31가지 육포 가운데 우리에게 가장 친숙한 포다. 장포법은 간장으로 간하고 참기름과 생강, 후춧가루, 깨소금이 양념으로 들어가 현재 만들어지는 전통포가 장포법의 조리법에서 크게 벗어 나지 않는다.

장포법을 〈정조지〉 속의 다른 포와 비교해보면 소금이 아닌 간장으로 간하였고 참기름과 깨소금을 넣었다는 점이 특별하다. 여기에 포를 건조시키는 과정에서 양념을 나누어 바르고 말리기를 반복해서 고기에 간장의 깊은 풍미를 더해 가며 포를 만든다는 점이 특별하다.

현재 우리가 만드는 전통포는 장포법의 양념에 마늘이 들어가고 깨소금과 생강은 선택적으로 들어간다.

〈정조지〉의 장포법에는 양념의 양이 정해져 있지 않아 참기름은 산패를 막기 위해 최소한의 양을, 마르면서 향이 줄어드는 생강가루는 좀 넉넉하게 넣었다.

장포법은 마늘이 들어간 묵직한 맛의 포에 비해서 생강이 들어가 도드라지면서 시원하고 가벼운 맛을 준다. 마늘의 부재를 생강이 멋지게 메워 줄 뿐만 아니라 상쾌한 맛이 메아리처럼 반복되어 정신까지 맑아진다.

장포법은 익숙한 맛 속에서 은근히 색다른 맛을 주는 것이 매력으로 새로운 맛에 도전하는 것을 겁내는 사람에게는 〈정조지〉의 장포가 답이다.

Tip
소고기포를 여러 번 나누어 양념하기
때문에 매회 바르는 양념의 양을 조절하여
포가 짜지 않도록 주의한다.

쇠고기육포 4

고기를 더뎌서 포를 만드는 조편포법

쇠고기육포 ❹

조편포법(造片脯法) : 쇠고기의 비계와 막을 제거하고 예리한 칼로 진흙처럼 잘 찧어 대략 소금을 더한다. 나무로 틀[길이 1척, 넓이 4촌, 두께 2촌.]을 만들어 깨끗한 포건을 틀 안에 편 뒤, 비로소 찧어둔 고기를 넣고 그 베를 감싸서 발로 단단히 밟는데 누룩 만드는 법과 같다. 틀로 성형한 고기를 내어다 볕에 쬐어 마르면 항아리 안에 거두어 들여 흰 곰팡이를 띄우는데, 7~8월과 2~3월에 만들 수 있다. 먹을 때는 조각조각으로 잘라 돼지기름을 발라 굽는다. 《증보산림경제》

牛肉脯方 ❹

造片脯法 : 牛肉去脂膜, 以利刀爛搗如泥, 略加鹽. 以木作斬機[長一尺, 廣三四寸, 厚二寸.], 以淨布巾, 鋪於斬機內, 始下肉泥, 仍掩其布, 以足踏堅, 如造麴法. 出曬旣乾, 收入甕中, 生白衣, 七八, 二三月間, 可造. 臨食, 片片切下, 塗猪脂炙之. 《增補山林經濟》

● **주재료**

소고기 2200g

● **양념재료**

소금 34g

● **도구**

고기성형용 나무틀
베 보자기

5

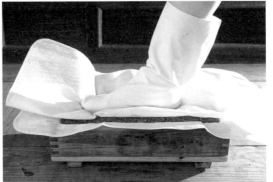

6

● **만들기**

1 소고기를 비계와 막을 제거하고 깨끗하게 손질하여 둔다.

2 소고기를 칼로 아주 곱게 다진다.

3 다진 소고기에 소금을 뿌린 다음 섞는다.

4 깨끗한 베 보자기를 나무틀 안에 펴 둔다.

5 펼쳐진 베 보자기 안에 다져서 소금으로 간한 소고기를 담고 남은 베 보자기로 고기를 덮어준다.

6 누룩을 만드는 것처럼 나무틀 안의 소고기를 발로 단단히 꼭꼭 밟는다.

7 나무틀에서 베 보자기에 감싼 소고기를 베 보자기째 꺼낸다.

8 틀에서 빼낸 목침 모양의 베 보자기에 싸인 소고기포 덩어리를 햇볕에 말린다.

9 소고기 덩어리 포가 마르면 자기 항아리에 거두어 보관한다.

10 소고기 덩어리 포에 흰 곰팡이가 필 때까지 자기 항아리 안에 둔다.

11 흰 곰팡이가 생긴 소고기 덩어리 포를 칼로 잘라 돼지기름을 발라서 구워 먹는다.

조편포법은 전통육포 중 칼로 고기를 곱게 다져서 만든 편포의 한 종류다.

편포는 손으로 하나하나 빚어 모양을 만들지만 조편포법은 다진 고기를 나무틀 안에 넣어 덩어리로 만들어 말린 다음 발효시켜서 썰어 구워 먹는다. 조편포를 만드는 방법은 나무틀의 사용, 밟기, 발효시키기 등이 누룩을 만드는 과정과 똑같아 흥미롭다.

조편포를 만드는 나무틀은 길이 31cm, 넓이 12cm, 두께 6cm 정도로 목침만한 크기다. 이 나무틀 안에 고기를 다 채우면 소고기 4근이 들어간다.

아무도 만들어 보지 않았을 것 같은 큼직한 조편포를 만든다는 사실이 설레기도 하고 불안하기도 하다.

나무틀 안에 천을 넣어 고기를 감싼 다음 버선발로 고기 덩어리에 공기층이 생기지 않도록 힘을 주어 꼭꼭 밟았다. 네모 반듯하게 만들어진 소고기 덩어리를 잘 꺼내서 초가을 볕에 내다 말렸는데 신기하게도 상하지 않고 잘 마른다.

자기 항아리에 보관하여 이틀이 지나자 포의 표면에 고운 밀가루를 뿌린 것처럼 흰 곰팡이 꽃이 피기 시작한다. 포 안의 수분이 자기 항아리 안에 갇혀 박테리아와 결합하여 발효되면서 만든 맛있는 흰 곰팡이 꽃이다. 우유가 발효한 요구르트나 블루치즈처럼 포도 시큼하면서 쿰쿰한 향과 복잡한 맛을 낸다. 칼로 햄처럼 잘라 돼지기름 대신 버터를 발라 구워 먹었다. 구운 포는 발효가 되어서인지 뻣뻣하지 않고 연하고 부드러워 위에 부담이 없었다.

조편포가 〈정조지〉에 기술된 모습 그대로 완벽하게 복원되어 끊어졌던 포의 역사가 조편포를 통해 이어진 것 같았다.

선인들의 새로운 조리법에 대한 열정과 호기심이 누룩 만들기를 응용한 조편포를 만들어 낸 것이다. 의심하지 않고 끊임없이 시도해 보는 것이 음식뿐 아니라 우리의 삶을 발전시켜 나가는 중요한 동력이라는 점을 조편포를 통해서 배웠다.

Tip
조편포에 핀 흰 곰팡이는 유익균으로 포에 숙성된 향과
복합적인 맛을 준다. 브레사올라를 만들 때는
고기에 곰팡이균(MOLD)을 뿌려 흰 곰팡이를 만들기도 한다.

돼지고기육포 1

돼지고기의 맛을 한껏 살린 저육포방

돼지고기육포 ❶

우리에서 기른 돼지를 새로 잡아 열을 머금은 정한 고기 1근을 4~5덩이로 자른 뒤, 볶은 소금 0.5냥을 고기 속에 비벼 넣고 바로 힘줄이 거두어 들지 않기를 기다려 볕에 쬐어 반쯤 말린다. 말린 고기에 좋은 술과 물 적당량을 써서 산초·시라·귤피와 아울러 뭉근한 불로 삶은 뒤 말려 부순다. 《준생팔전》

猪肉脯方 ❶

新宰圈猪帶熱精肉一斤, 切作四五塊, 炒鹽半兩, 搩入肉中, 直待筋脈不收, 日曬半乾. 量用好酒和水, 幷花椒·蒔蘿·橘皮, 慢火煮乾碎槌.《遵生八牋》

● **주재료**

돼지고기 600g

● **양념재료**

볶은 소금 18g
술 150mL
물 100mL
산초 10g
시라 7g
귤피 15g

● **만들기**

1 신선한 돼지고기 600g을 4~5 덩이로 자른다.

2 자른 돼지고기를 소금으로 비벼준다.

3 돼지고기 육즙이 흘러 나오기 전에 볕에 널어 반쯤 말린다.

4 돼지고기가 반쯤 마르면 냄비에 담고 술과 물을 더한다.

5 술과 물이 더해진 돼지고기에 산초, 시라, 귤피를 더해 은근한 불에 삶는다.

6 삶은 돼지고기는 햇볕에 널어 말린다.

7 잘 마른 돼지고기는 찢어서 보관한다.

2

돼지고기 육포는 열을 머금은 정한 고기 즉, 갓 잡은 돼지고기를 사용하라고 하여 돼지고기의 선도를 강조한다. 선도가 떨어지는 돼지고기는 맛도 맛이지만 포를 만드는 과정에서 상할 우려가 있기 때문이다.

우리는 돼지고기가 식중독에 취약하고 풍을 일으킨다는 속설 등이 있어 선호하지 않았지만 지금은 돼지고기에 대한 오해가 규명되어 맛 좋은 건강육으로 위상이 올라갔다. 돼지고기는 소고기보다 식감이 부드럽고 연하여 포로 적합하지만 포로 만들어 먹지는 않다가 외국의 돼지포가 인기를 끌면서 돼지고기포에 대한 인식이 '먹을 수 없는 음식'에서 '건강에 좋고, 맛있는 음식'으로 바뀌었다.

앞서 육포총방에서 복원한 돼지고기포가 있지만 돼지고기만을 위한 전용 포조리법은 〈정조지〉 포석편에서 '저육포방'이 유일하다.

소금 간을 기본으로 술과 살균작용이 뛰어난 산초와 소화를 촉진하고 돼지 특유의 냄새를 제거하고 입맛을 돋우는 시라, 귤피가 들어갔다.

저육포방에 사용된 볶은 소금은 염도가 낮아지고 쓴 맛은 제거되어 산초와 시라, 귤피의 상쾌한 맛을 더욱 명료하게 한다.

〈정조지〉 포석편의 돼지고기포는 절이고 불에 삶고 햇볕에 말리는 과정을 통해서 완전무결한 살균과정을 거친다. 돼지고기포는 완벽한 위생 상태만큼이나 완벽하게 조합된 양념이 기분 좋게 미각을 자극하여 자꾸만 돼지고기포에 손이 간다.

Tip
볶은 소금은 천일염을 물에 두 번 씻은 다음 코팅되지 않은 팬에 갈색이 나도록 30분 정도 볶으면 된다.

돼지고기육포 2

신분 상승을 한 돼지고기 혀 육포

돼지고기육포 ❷

돼지 혀 1근당 소금 0.5냥 1잔, 천초·시라·회향 약간, 가늘게 자른 파를 써서 5일 동안 절인다. 3~4번 뒤집은 뒤 가는 새끼로 뚫어 바람이 통하는 곳에 걸어두고, 마르면 종이봉투에 담는다.《거가필용》

猪肉脯方 ❷

猪舌每斤, 用鹽半兩一盞, 川椒·蒔蘿·茴香少許, 細切蔥白, 醃五日. 翻三四次, 用細索穿, 挂透風處, 候乾紙袋盛.《居家必用》

● **주재료**

돼지 혀 600g

● **양념재료**

소금 18g
가늘게 자른 파 30g
천초 10g
시라 10g
회향 10g

2

5

● **만들기**

1 돼지 혀를 껍질을 벗기고 손질한다.

2 손질한 돼지 혀에 소금, 천초, 시라, 회향, 약간 가늘게 자른 파를 넣어
   하루에 3~4차례 뒤집으면서 5일간 절인다.

3 절여진 돼지 혀에 구멍을 뚫고 가는 새끼로 꿴다.

4 새끼에 꿴 돼지 혀를 바람이 잘 드는 곳에 걸어서 말린다.

5 돼지 혀가 잘 마르면 습기가 차지 않도록 종이봉투에 담아 보관한다.

돼지의 혀를 이용해서 만드는 이색적인 육포다.

돼지고기 음식의 원가를 낮추고 맛을 풍부하게 해주는 부재료 용도로 소시지나 순대국 등에 쓰이지만 혀 자체가 주재료로 쓰이지는 않는다. 이처럼 푸대접을 받는 돼지 혀를 이용하여 만든 음식이 혀탕도 아니고 혀구이도 아닌 '혀포'라는 점에서 즐거운 당혹감을 느낀다.

돼지의 혀는 혀라는 특성상 지방이 없고 운동을 계속하는 부위이기 때문에 탱탱하면서도 사각거려 다른 부위로는 도저히 느낄 수 없는 색다른 식감을 느낄 수 있다.

돼지 혀로 포를 만든다는 발상은 식재료에 대한 고정관념에서 벗어나는 일로 음식문화 발전을 위한 새로운 도전이다.

돼지 혀는 돼지고기 특유의 냄새가 나지 않고 껍질이 잘 제거되어 손질이 어렵지는 않다. 돼지의 혀가 앞쪽은 얇지만 뒤로 갈수록 두툼하기 때문에 양념을 집중적으로 뒤쪽에 뿌려 주어야 균일한 맛의 포를 만들 수 있다.

돼지 혀에는 술이나 식초 등 액체양념이 들어가지 않으므로 절여도 거의 수분이 나오지 않아 돼지 혀를 손질한 뒤 불순물과 피가 빠지도록 설탕물에 담가두어 부드럽게 하는 전처리가 꼭 필요할 것 같다.

돼지 혀가 질기고 두껍기는 하지만 바람의 도움을 받으면 의외로 쉽게 마른다.

엄마 손 많이 안 가고도 무럭무럭 잘 크는 아이 같은 돼지 혀 육포가 완성되었다. 시작부터 혀라는 예사롭지 않은 재료였지만 완성된 포에서도 위축되지 않는 힘이 느껴진다.

썰수록 조금씩 커지는 동그란 혀포의 모양이 다채롭다. 불에 구워 먹었는데 닭의 근위와 비슷한 단단한 식감으로 조금 덜 사각거린다. 살짝 질긴 감이 있는데 포를 얇게 썰면 괜찮다. 양념의 향이 강하여 약간의 거부감이 있을 수 있다. 천초의 양을 줄이면 좀 더 부드러운 맛의 혀포가 될 것 같다.

Tip
돼지 혀를 보관하는 종이봉투는 수분조절 능력이 있어
혀포를 보관하기에 적합하다.

넘치게 먹어도 좋은

사슴고기육포 1

사슴고기육포 ❶

사슴 포: 깨끗한 고기 10근을 힘줄과 막을 제거하고 올올이 두들겨 큰 오리를 만든다. 소금 5냥, 천초 3돈, 시라 0.5냥, 파채 4냥, 좋은 술 2근을 써서 고기와 잘 섞어 절인다. 매일 2번을 뒤집으며 겨울에는 3일, 여름에는 만 하루에 꺼내고, 실로 오리마다 뚫은 뒤 기름을 비벼 볕에 쬐어 말린다. 《거가필용》

鹿肉脯方 ❶

醃鹿脯: 淨肉十斤, 去筋膜, 隨縷打作大條. 用鹽五兩, 川椒三錢, 蒔蘿半兩, 蔥絲四兩, 好酒二斤, 和肉拌醃. 每日翻兩遍, 冬三日, 夏一伏時取出, 以線逐條穿, 油擦曬乾.《居家必用》

● **주재료**

사슴고기 600g

● **양념재료**

소금 18g
파채 16g
술 120mL
천초 3.7g
시라 2g
기름 30mL

3

5

6

● **만들기**

1   사슴고기의 질긴 힘줄과 막을 제거한다.

2   사슴고기를 잘 두드려 큰 오리를 만든다.

3   사슴고기에 소금, 천초, 시라, 파채, 술을 넣어 섞어 절인다.

4   겨울에는 3일, 여름에는 하루를 재우는데 매일 아침저녁으로 두 번 뒤집어 준다.

5   사슴고기에 실로 구멍을 뚫는다.

6   구멍이 뚫린 사슴고기에 기름을 비벼서 구멍 안으로 넣어 준다.

7   기름으로 비벼진 사슴고기를 볕에 내다 말린다.

사슴고기는 기름기가 적어 담백하고 수렵육 중에서 누린내가 적어 예로부터 포로 많이 만들어졌다. 사슴고기는 잘라서 포를 만들기도 하였지만 통째로 말리기도 하였다.

사슴고기는 독이 없고 따뜻하여 많이 먹어도 탈이 없어 포로 먹기에 적합하다. 보통 수렵육은 찬바람이 불기 시작하는 음력 9월 이후부터 겨울의 끝자락인 음력 1월까지가 지방을 함유하여 풍미가 좋지만 사슴만은 여름철에도 맛이 크게 떨어지지 않아 사시사철 포를 만들기에 좋다.

녹육포방에서도 절이는 시간을 겨울은 사흘 여름은 두어 시간으로 차이를 크게 둔 것으로 보아 한여름에도 맛이 크게 떨어지지 않는 사슴고기를 포로 많이 만들었다는 것을 알게 된다.

사슴고기는 우리 몸에 유익한 고기이기는 하지만 지방 함량이 낮아 퍽퍽하고 고소한 맛이 떨어진다. 특히 포는 절이고 말리는 과정에서 수분과 함께 지방도 손실되므로 지방이 적은 사슴고기포는 식감이 떨어진다.

녹육포방에서는 이런 사슴고기의 한계를 고기 안에 구멍을 뚫어 지방을 주입하는 방법으로 명쾌하게 해결한다.

절인 사슴고기의 구멍을 통해 들어간 기름은 건조되면서 고기 안에 깊숙이 배어들어 부드러움과 고소한 풍미를 갖춘 사슴고기포가 되게 한다.

사슴고기에 단순한 기름이 아닌 선인들의 지혜가 덧발라진 것 같아 사슴고기포를 만지는 손에 더욱 정성이 들어간다.

사슴고기에는 녹용의 유효성분인 강글리오시드가 상당량 함유되어 있어 현대인의 자양강장에 큰 도움을 준다. 물론, 다양한 방법으로 사슴고기를 먹을 수 있겠지만 현대인의 생활방식에는 간편하게 먹을 수 있는 '포'가 가장 좋다. 앞으로 다채로운 맛의 사슴고기포가 만들어지는 데 녹육포방이 큰 보탬이 될 것이다.

Tip

사슴고기에 구멍을 뚫어 지방을 주입하여
부드러움과 고소함을 주는 방법으로 사슴고기
불고기나 스테이크를 만들 때 응용하여도 좋다.

사슴고기육포 2

조선의 왕들이 사랑한 사슴 꼬리로 만든

사슴고기육포 ❷

사슴의 꼬리를 절일 때는 칼로 꼬리 뿌리 가의 털을 깎아내고 뼈를 발라낸다. 소금 1돈, 느릅나무열매 깍지 0.5푼을 써서 꼬리 안에 채워 넣은 뒤, 막대에 끼워 바람을 맞혀서 말린다. 《거가필용》

鹿肉脯方 ❷

淹鹿尾, 刀剃去尾根上毛, 剔去骨. 用鹽一錢, 楡錢五分, 塡尾內, 杖夾風吹乾.《同上》

1

4

● **주재료**

사슴 꼬리 5개(410g)

● **양념재료**

소금 6.5g
느릅나무열매 깍지 8g

● **만들기**

1   사슴 꼬리의 털을 칼로 깎아 내고 뼈를 발라 낸다.

2   사슴 꼬리에 소금과 느릅나무열매 깍지를 채워 넣는다.

3   사슴 꼬리를 막대에 끼운다.

4   막대에 끼운 사슴 꼬리를 바람이 잘 부는 곳에 세워서 말린다.

사슴은 몽당연필처럼 짧은 꼬리가 볼품이 없고 우스꽝스럽기도 하지만 발레리나 같은 우아하고 경쾌한 걸음걸이에는 짧은 꼬리가 잘 어울린다.

녹미가 귀한 음식인 만큼 우리나라에서도 왕들이 즐겨 먹었다. 연산군은 색깔과 맛이 나쁜 녹미를 올린 관찰사는 근무성적이 좋아도 파면하라고 명하였고 명종은 사슴고기도 좋지만 사슴꼬리가 더욱 좋다고 하였다. 애민정신이 남달랐던 영조조차도 사슴 꼬리를 먹고는 싶지만 백성의 노고를 생각하여 진상을 금지하였다가 다시 진상받기를 다섯 차례나 반복하며 "오늘 젓가락이 간 곳은 오직 녹미뿐이었다"고 하여 진상 금지는 형식적이었음을 알게 한다.

이처럼 군주의 체면을 내던지게 하는 녹미는 맛도 맛이지만 녹용성분과 콜라겐이 다량 함유되어 자양강장제와 노화예방에 탁월한 효과를 가지고 있다.

왕들의 이성을 마비시킨 녹미는 어른 손으로 한 뼘 정도의 길이다. 털을 빼고 나면 사슴의 크기에 따라 다르겠지만 녹미육은 100g 남짓이다.

녹미의 표피는 소꼬리와 유사하지만 진피층은 바다의 해삼과 같은 색깔, 조직을 가지고 있어 뼈를 바르기 위해 꼬리를 가른 순간 깜짝 놀라게 된다.

산에 사는 사슴의 꼬리 안에 '바다의 인삼'이라 불리는 해삼이 담겨 있는 것을 상상이나 할 수 있었을까? 혹시나 하여 남은 다섯 개의 사슴 꼬리를 다 갈라 보아도 같은 모양이다.

귀하고 귀한 사슴 꼬리가 무이와 소금에 절여져서 완성되었다. 짭쪼름하면서 조금 질깃질깃한 것이 마치 잘못 만들어진 젤리를 씹는 것 같다. 조선의 왕들이 집착한 것은 맛이 아니라 사슴꼬리의 뛰어난 효험이었던 것 같다.

소시지처럼 만드는

사슴고기육포 3

사슴고기육포 ❸

또 다른 방법:사슴고기 혹은 고라니고기를 껍질과 막은 벗기고 비계는 붙여둔 채 20근을 가늘게 잘라 소금 20냥을 써서 무이 2홉을 넣고 한 곳에서 고루 섞는다. 양의 큰 내장 1개를 속의 풀싹같은 털을 제거하고 고기를 가득 채워 봉합한 뒤, 막대에 끼워 바람 잘 드는 길목에 고정해두거나 혹은 볕에 쬐어 말린다.《거가필용》

鹿肉脯方 ❸

又法:鹿肉或麂子肉, 去皮膜連脂, 細切二十斤, 用鹽二十兩, 入蕪荑二合, 一處拌均. 用羊大肚一箇, 去草芽, 裝滿縫合, 用杖子夾, 定於風道中, 或日曬乾.《同上》

● **주재료**

비계가 붙은 사슴고기 600g
양 내장 250g

● **양념재료**

소금 35g
무이 15g

● **도구**

봉합용 실
막대

● **만들기**

1   사슴고기는 껍질을 벗기고 비계는 붙여서 가늘게 잘라둔다.

2   가늘게 잘라 둔 사슴고기에 소금과 무이를 넣어 골고루 섞는다.

3   양의 큰 내장 1개를 뒤집어서 내장 안의 털을 제거한다.

4   양념된 고기를 내장 안에 채운다.

5   사슴고기가 담긴 내장을 뜨거운 물에 신속하게 씻는다.

6   사슴고기가 채워진 내장을 막대에 끼워 바람이 잘 부는 곳에 세워 두거나 햇볕을 쬐어 말린다.

4

6

비계가 붙은 사슴고기나 고라니고기로 만들 수 있는 이 포는 소시지를 만드는 방법과 같다. 비계 없이 살코기로만 만든다면 포가 퍼석거려서 포의 맛과 완성도가 떨어진다.

비계가 붙은 사슴고기를 잘게 다져서 사슴꼬리포에 사용된 무이와 소금으로 양념한다. 무이가 연육과 방부작용도 하지만 사슴고기의 특정 성분과 잘 어울려 이로운 기운을 만들어낸다. 무이는 미끄러운 느릅나무껍질이 들어가 포를 차지고 매끄럽게 해주는 역할을 하는 데다 살균과 방부작용을 하고 소화를 돕는다. 양의 큰 내장을 풀싹같은 털을 제거하고 사슴고기를 채워 봉합하라고 하였는데 양의 큰 내장은 양의 첫 번째 위 부위로 추측된다. 양의 위장을 구하고자 백방으로 노력하였으나 결국 구할 수 없어 돼지의 대창을 사용하였다. 사슴고기를 굳이 양의 내장에 넣는 이유가 궁금하였지만 정확한 이유는 알 수 없다. 다만, 양의 위장이 사슴의 위보다 크기가 작고 조직이 부드러워 말리기 쉽고 식감도 좋기 때문이 아닐까 짐작해 볼 뿐이다.

돼지의 내장에 담겨 말려진 사슴고기포는 붉은 벽돌색이 도는 외관과 칼로 잘려진 모습이 스페인의 초리소(Chorizo)와 비슷하다. 소금의 짭짤한 맛과 무이의 매운 맛이 조화를 잘 이루었고 내장에 담겨 말려서인지 퍽퍽함이 없다. 이 사슴고기포에 마늘, 고추, 파프리카, 산초, 마근 등을 넣어 색다른 맛을 즐길 수 있고, 육수에 삶거나 기름에 볶아서 조리에 활용하면 음식의 맛과 격을 효과적으로 높일 수 있을 것 같다.

Tip
무이는 왕느릅나무 열매를 느릅나무껍질과 황토를 넣어 따뜻한 곳에서 발효시킨 약재인데
맵고 쓰고 따뜻하며 구충작용과 함께 음식을 소화시키고 통증을 그치게 한다.

양
홍
간

발효와 훈연, 그리고 기다림

양홍간(羊紅肝)

살찐 양고기 15근으로 0.5근씩 1개의 오리로 만들고 소금 15냥으로 절여 만 3일에 꺼 낸다. 따로 술지게미 3근, 소금 3냥을 써서 양고기와 고루 섞은 뒤, 다시 3일 밤을 절 여 꺼낸다. 양고기에 묻은 술지게미를 제거하지 않고 부뚜막 위에서 사나운 섶 불 연 기로 훈연하여 말리다가 다음해 5~6월에 겉은 씻어서 벗기고 삶아 먹는다. 《거가필용》

羊紅肝方

肥羊肉十五斤, 半斤作一條, 用鹽十五兩醃, 三伏時取出. 却用糟三斤, 鹽三兩拌均, 再醃三宿, 取出. 不去糟, 於竈上, 猛柴煙熏乾, 次年五六月, 洗剝煮食.《居家必用》

● **주재료**

양고기 1200g

● **양념재료**

소금 75g (1차 염지용)
소금 12g (2차 염지용)
술지게미 350g

3

4

● **만들기**

1 살찐 양고기 300g을 하나의 오리로 만든다.

2 양고기를 소금에 1차 염지를 하여 3일간 절인다.

3 3일간 소금에 절인 양고기에 술지게미와 2차 염지용 소금을 넣어 골고루 섞어
다시 3일간 절여둔다.

4 양고기에 묻은 술지게미를 제거하지 않고 사나운 섶 불 연기로 훈연한다.

5 다음해 5~6월에 양고기에 묻어 있는 술지게미를 씻어내고 삶아 먹는다.

양고기를 소금과 술지게미에 절여 만든 색다른 육포다.

살찐 양고기를 한 토막이 반 근 크기로 잘라 소금에 절인 다음 다시 술지게미에 절여 센 불의 연기로 훈연하여 보관했다가 다음해 여름에 삶아 먹는 포다.

술지게미는 술을 만들고 나온 부산물로 배고픈 시절에는 술지게미를 먹기도 하였다. 부잣집에서 얻어 온 술지게미를 먹은 자식이 술주정을 하면 부모가 울면서 받아 주었다고 한다. 또 술지게미를 돼지에게 먹이면 술에 취한 돼지가 씩씩거리며 벽에 머리를 박았다고 한다.

이처럼 배고픔의 슬픈 역사를 담은 술지게미를 보통은 울외, 무, 오이 등의 채소절임에 많이 활용한다. 술지게미가 다른 향신료들이 갖지 못한 독특한 풍미를 지니기도 했지만 식재료와 더해져 발효하면서 오묘한 맛과 향이 더해진다. 특히, 양고기 특유의 노린내를 제거하기에는 술지게미가 효과적이다. 술지게미의 풍부한 효소는 고기의 연육작용과 발효를 돕고 당분은 감미를 더해 포의 맛과 향을 풍부하게 해준다.

술지게미에 절인 양고기는 야들하고 달콤한 육향이 코끝을 간지럽혀 잠자는 미뢰를 깨운다. 이것으로도 충분히 족한 양고기 술지게미 절임을 다시 푸르르 활활 타는 섶 불에서 훈연한 뒤 부뚜막에 걸어 둔다. 다음해 여름 양홍간을 한 토막 잘라 삶아 먹으면 더위에 지친 몸에 활력을 불어 넣는다.

양홍간은 상큼하면서도 짭쪼롬하여 여름 반찬으로 제격이다. 그리고 맛의 균형이 잘 잡혀서 매일매일 상에 올라와도 젓가락이 자주 가는 반찬 같다.

Tip

고기를 술지게미에 절였다가 된장찌개에 넣거나
볶음밥, 카레 등에 활용하면 음식의 풍미가 좋아진다.

천
리
육

나긋나긋한 여인 같은

천리육(千里肉)

껍질이 붙은 양의 뜬 옆구리 살 5근, 식초 3되, 고수씨 1홉을 명주 포대에 담는다. 포대와 소금 3냥, 술 3잔, 깐 마늘 3냥을 뭉근한 불에 같이 삶아 서서히 익힌 뒤, 눌러 덩어리를 이루어 대충 잘라 볕에 쬐어 말린다. 《거가필용》

千里肉方

連皮羊浮脇五斤, 醋三升, 胡荽子一合, 絹袋盛. 鹽三兩, 酒三盞, 蒜瓣三兩, 同煮慢火, 養熟壓成塊, 切略曬乾.《居家必用》

● **주재료**

양 옆구리 살 1.2kg

● **양념재료**

소금 46g
식초 2L
술 350mL
고수씨 60g
깐 마늘 25g

● **도구**

명주 포대

● **만들기**

1   껍질이 붙은 양의 옆구리 살을 덩어리로 준비한다.

2   양고기 덩어리, 식초와 고수씨를 명주 포대에 담는다.

3   양고기가 담긴 명주 포대를 솥에 넣고 소금, 술, 깐 마늘을 넣는다.

4   포대에 담긴 양고기를 양념물에 담가 서서히 삶아 익힌다.

5   양고기가 담긴 명주 포대를 꺼내서 돌 같은 무거운 물건으로 눌러둔다.

6   눌려진 양고기를 말리기 좋은 크기로 잘라 햇볕에 말린다.

천리육과 천리포는 이름이 비슷하지만 천리포는 특정 고기가 아닌 다양한 고기를 양념하여 삶아 포를 만들고 천리육은 양고기로만 포를 만든다.

천리육은 양의 야들야들한 옆구리 살을 명주 보자기에 담으라고 하여 많은 보자기 소재 중 명주 보자기로 특정하였는데 맛있는 천리육을 만드는 데 명주 보자기가 특별한 역할을 한다.

명주는 누에고치로 만들어지기 때문에 단백질의 원료라 할 수 있는 아미노산으로 구성되어 있다. 명주에 열을 가하면 아미노산 성분이 녹아 나와서 천리육에 영양을 더해 주고 식으면 부드러운 양고기를 단단하게 굳혀 모양을 잡아주는 역할을 한다.

명주 보자기 안에는 양고기 이외에 식초와 고수씨를 넣어 절이는데 식초는 양념의 역할도 하지만 명주 속의 아미노산 성분이 잘 녹아서 빠지게 하는 촉매 역할을 한다.

고수씨는 의외로 고수잎보다 향이 부드럽고 맛이 강하지 않아 씨앗에 더욱 강한 향과 맛이 응축된 다른 향신료와는 사뭇 다르다.

고기와 식초, 고수씨는 명주 보자기로 싸고 소금과 술, 마늘은 솥에 넣어 뭉근한 불에 삶아 고운 명주 보자기 안으로 정선된 맛을 보낸다.

고수씨가 다른 맛까지 획일화시켜 주변의 맛을 평정하는 마늘의 진하고 무거운 맛을 덜어 내주고 있다.

단단한 돌로 눌러 수분을 빼고 잘라 말리면 탱탱한 천리육이 완성된다.

껍질이 붙은 양의 옆구리 살은 늘어진 수양버들처럼 부드럽고 온몸에 안기는 봄바람 같다. 사슴, 노루, 소고기로 만든 포가 거친 진정성이 느껴지는 포라면 양의 옆구리 살은 나긋나긋한 여인처럼 부드럽고 봄꽃처럼 향기롭다.

Tip

명주에는 단백질인 글리신과 알라닌을 비롯한 17개 종류의 아미노산이
다량 함유되어 있다. 일부 단백질 중 세리신 등은 뜨거운 물에 녹고 식으면
겔화 된다. 세리신은 견사 가공과정에서 폐기하던 물질이었으나
피부 친화성을 바탕으로 의료용 소재와 고기능성 화장품 소재로 사용되고 있다.
친리육는 명주의 아미노산 중 세리신의 친수성과 상온에서 단단해지는 특성을
포에 잘 활용하였다.

건함시
서로 다른 매운맛의 조화

건함시(乾鹹豉)

정한 양고기를 잘라서 덩어리를 만들거나 혹은 납작한 조각으로 만들어 1근당 소금 0.5냥, 술·식초 각 1주발, 사인·좋은 생강·후추·파·귤피 조금을 뭉근한 불에 삶아 즙이 다하여 볕에 쬐어 말리면 100일을 둘 수 있다.《거가필용》

乾鹹豉方

精羊肉, 每斤切作塊或片子, 鹽半兩, 酒·醋各一椀, 砂仁·良薑·椒·蔥·橘皮各少許, 慢火煮, 汁盡曬乾, 可留百日.《居家必用》

● 주재료

양고기 600g

● 양념재료

소금 18g
술 280mL
식초 280mL
사인 10g
좋은 생강 15g
후추 5g
파 25g
귤피 15g

1

3

● 만들기

1 신선한 양고기를 잘라 덩어리나 손바닥 크기의 조각으로 만든다.

2 조각으로 자른 양고기에 소금, 술, 식초, 사인, 생강, 후추, 파, 귤피를 넣는다.

3 양념에 절여진 양고기를 냄비에 담아 약한 불에서 술과 식초가 다 마를 때까지 삶는다.

4 삶아진 양고기를 햇볕에 내다 말린다.

건함시에는 육포의 가장 기본 양념인 소금, 식초, 술 이외에 사인, 생강, 후추, 파, 귤피가 들어 갔다. 보통 포에는 두세 가지 향신료를 사용하는데 건함시에는 향과 약성이 비슷한 다섯 가지 의 향신료를 사용한 것이 특별하다. 사인은 식욕을 촉진하고 기를 잘 소통시키는 효능을 가지 고 있는데 사인이 들어가는 포는 건함시가 유일하다. 다섯 가지 향신료는 형제처럼 닮은 듯 다 른 맛을 가지고 있어 건함시의 맛을 더욱 생기 넘치게 한다.

사인의 시원하고 우아한 매운맛에 생강의 매콤하고 알싸한 맛이 더해졌고 여기에 후추의 톡 쏘 는 짜릿함이 매운맛을 돋아 준다. 파의 자극적이고 거친 매운맛, 귤피의 상큼한 매운맛까지 다 섯 가지 향신료가 따뜻하면서 시원하게 양고기 안에 스며들어 있다.

건함시는 만드는 방법이 앞서 만든 천리포와 같다. 고기가 익을 때 향신양념이 스며들어야 하기 때문에 약한 불로 아주 서서히 졸이듯 양고기를 삶아야 한다. 양고기는 부드러워 양념이 잘 배 어들고 말린 후에도 고급스러운 향과 촉촉함이 살아 있다.

양고기는 특유의 누린내를 제거하려는 강박감 때문에 향이 강한 향신료를 많이 사용하여 양념 에 치여 제맛을 살리지 못한 양고기 음식이 만들어지게 된다.

건함시에 사용된 사인, 생강, 후추, 파, 귤피, 식초, 술을 다양한 양고기 요리에 응용하면 누린내를 제거하면서 고기맛은 살린 최고의 양고기 음식이 만들어질 것이라고 확신한다.

겨울 포의 진수

첨비포

첨비포

납월에 노루나 사슴 고기 조각을 가져다 두께를 손바닥 만하게 하여 곧바로 음지에서
말려 소금에 절이면 눈꽃처럼 연하다. 《제민요술》

甜肥脯方

臘月取麞鹿肉片, 厚薄如手掌, 直陰乾, 下著鹽, 脆如凌雪也.《齊民要術》

● **주재료**

사슴 고기 600g

노루 고기 600g

● **양념재료**

소금 20g(사슴·노루 고기 600g당)

● **만들기**

1   노루와 사슴 고기를 손바닥 크기와 두께로 자른다.

2   노루와 사슴 고기를 음지에서 말린다.

3   말린 노루와 사슴 고기를 소금에 절인다.

4   노루와 사슴 고기에 소금이 잘 배어들면 썰어서 구워 먹는다.

첨비포는 이름 그대로 기름져서 달고 맛있는 사슴이나 노루 고기포를 말한다.

한겨울에 잡힌 사슴과 노루 고기로 만든 포만 첨비포라는 이름을 붙일 수 있다. 겨울은 수렵육이 지방이 올라 최고로 맛있는 시기다. 소고기는 지방과 살이 적절하게 섞이고 돼지고기는 비계가 있는 삼겹살이 맛이 있는 것처럼 지방이 오른 겨울의 사슴과 노루 고기를 최고로 쳤다.

첨비포는 '꺼꾸리 포'다. 포는 보통 소금을 더해 절였다가 말리는데 첨비포는 말렸다가 소금에 절이는 선 건조 후 염지라는 방법을 택하였다.

겨울 기운으로 입혀진 맛있는 지방이 소금의 삼투압 작용으로 빠지는 것을 방지하기 위함인데 겨울이기 때문에 가능한 방법이다. 겨울의 음지는 아주 천천히 여유롭게 사슴과 노루 고기의 수분을 날려준다. 사슴과 노루 고기가 마르면서 색이 비슷해져 일란성 쌍둥이처럼 구분이 어렵다. 말린 고기에 소금을 넣어 이틀간 절였다. 고기에 약간 물기가 생겨서 반나절 더 말려 주었다. 다른 향신료가 들어가지 않고 음지에서 말려서인지 사슴고기 냄새가 진하게 난다. 사슴과 노루 고기는 생고기 때는 밝은 빛이 돌지만 건조되면 둘 다 깊은 와인빛이 돌아 진하고 묵직한 느낌을 주어 카리스마가 느껴진다

첨비포는 맛이 한껏 오른 겨울철 사슴과 노루 고기의 맛을 살린 조리법이다. 물론, 식재 본연의 맛을 살린 음식이 잘 만든 음식이라고 하지만 보수적인 입맛을 가졌다면 다른 조리법으로 만든 사슴과 노루 고기포부터 도전해 보기를 권한다. 만약 새로운 음식을 경험하는 것을 삶의 기쁨으로 생각한다면 순수한 자연의 향을 가득 담은 첨비포에 도전해도 좋다.

Tip

'첨비포'는 최근 '최고의 고기 숙성법'으로 평가받고 있는 드라이 에이징(Dry aging)
숙성법으로 포를 만든 점이 흥미롭다. '드라이 에이징'은 '건조 숙성'이라는 뜻으로
온도는 1 ~ 2도 사이, 습도는 70 ~ 85% 의 통풍이 잘되는 장소에서 고기를 노출시켜서
최소 한 달 이상의 숙성을 거친 고기를 말한다. 겉은 수분이 날아가고
아미노산의 향이 고기 속으로 농축이 돼 진한 육향을 느낄 수 있다.

치건

선인들이 가장 선호했던 꿩고기포 두 가지

치건

꿩을 털과 껍질 및 내장을 제거하고 기름장과 후춧가루를 고루 섞어 볕에 반쯤 말린
뒤, 잘라서 편으로 만들어 잣가루를 뿌려 먹는다. 기름장을 쓰지 않고 다만 소금만
뿌려 볕에 쬐어 말려 바싹 마른 것은 오래 두어도 상하지 않으니 멀리까지 부칠 수 있
다. 《증보산림경제》

雉乾方

雉去毛皮及腸肚, 用油醬, 胡椒屑拌均, 曬半乾, 切作片, 糝松子屑啖之. 其不用油醬, 只糝鹽
曬乾, 極燥者, 久留不敗, 可以寄遠.《增補山林經濟》

◁∽ 간장치건

● **주재료**

꿩 1.5kg

● **양념재료**

참기름 15mL
간장 20mL
후춧가루 5g
잣가루 적당량

● **만들기**

1 꿩의 털과 껍질, 내장을 제거한다.
2 참기름과 간장을 섞어 기름장을 만든다.
3 기름장을 후춧가루와 골고루 잘 섞어 손질한 꿩에 비벼 바른다
4 햇볕에 반건조하여 먹기 좋게 편으로 자른다.
5 잣가루를 편에 뿌려서 먹는다.

◁∽ 소금치건

● **주재료**

꿩 1.5kg

● **양념재료**

소금 25g

● **만들기**

1 꿩의 털과 껍질, 내장을 제거한다.
2 손질한 꿩에 소금을 비벼 바른다.
3 소금을 바른 꿩을 햇볕에 내다 바싹 말린다.

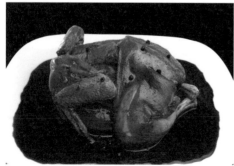
간장치건

소금치건

치건은 담백하고 잡냄새가 없는 꿩으로 만드는 포다. 우리나라 전역에 서식하는 꿩은 고유의 텃새로 사슴과 더불어 예로부터 가장 즐겨 먹던 고기다. 조선시대에는 생치와 건치를 따로 파는 전문점이 있을 정도로 꿩고기가 우리 식생활에서 차지하는 비중이 컸다. 꿩고기는 단백질 함량은 높지만 지방의 함량이 낮아 풍미가 닭고기, 오리고기에 비해 크게 떨어진다. 원래 꿩 대신 닭이었으나 지금은 닭의 진한 풍미로 인한 효율을 꿩이 따라가지 못하게 되었다.

꿩고기가 새침한 숙녀처럼 깔끔하고 냄새도 없어 다른 포에 비해서 만드는 마음의 부담과 수고가 크게 줄어 든다.

치건은 꿩고기가 지방이 적어 부드럽지 못한 허물을 기름장과 반건조법, 그리고 꿩고기와 잘 어울리면서 지방을 보충해주는 잣가루와 함께 먹는 것으로 덮는다.

치건의 양념으로 향이 너무 강한 산초나 천초가 아닌 후추, 그냥 장이 아니라 부드러운 기름장, 색이 누런 참깻가루가 아니고 상아빛 잣가루의 조합이라는 것이 참으로 다행스럽다는 생각이 든다.

햇볕이 좋고 바람까지 살살 부는 날이면 하루 반나절이면 완성도 높은 치건이 만들어진다.

기름장으로 만들어 반건한 치건은 맛은 있지만 잘 상하므로 먼 곳에 있는 그리운 사람에게 보내기 위해 해를 넘겨 먹어도 될 만큼 소금만 넣어 만든 야무진 치건을 만든다.

이 소금치건은 어찌나 단단한지 만리를 가도 변하지 않을 것 같아 만리포라는 또 다른 이름을 붙여준다.

담백한 치건은 그냥 먹어도 좋지만 국이나 탕으로 끓이면 생꿩에 못지않은 맛을 내주어 요긴하게 쓸 수 있다.

선인들의 지혜가 치건 두 마리에 오롯이 담겨 있다.

Tip
꿩고기는 몸을 보하고 기를 더해주는 효능 이외에도 설사를 멈추게 하고
피부염을 치료하는 효과가 있다. 특히, 피부를 탄력 있고 아름답게 만들어 주어
예로부터 궁녀들이 즐겨 먹었다.

아안석

두꺼운 껍질 속에 감추어진 아름다운 쫄깃함

아안석

거위나 기러기의 가슴 위를 데쳐 깨끗이 한 뒤, 갈라서 내장을 제거한다. 고기 1근당 소금 1냥을 써서 천초·회향·시라·진피를 더하여 넣고 두루 비벼 보름을 절인 뒤에 마를 때까지 볕에 쬔다. 《거가필용》

鵝雁腊方

燖淨於胷上, 剖開去腸肚. 每斤用鹽一兩, 加入川椒, 茴香, 蒔蘿, 陳皮, 遍擦醃半月後, 曬乾爲度.《居家必用》

● **주재료**

기러기 2.5kg

거위 2.7kg

● **기러기 양념재료**

소금 35g

천초 10g

회향 8g

시라 10g

귤피 25g

● **거위 양념재료**

소금 37g

천초 11g

회향 8g

시라 12g

귤피 25g

● **만들기**

1 거위와 기러기의 가슴 위를 뜨거운 물에 담그거나 물을 뿌려 데쳐서 털을 뽑고 내장을 제거한다.

2 손질된 거위와 기러기 고기에 소금, 천초, 회향, 시라, 진피를 골고루 비벼서 양념이 고기에
   잘 스며들도록 한다.

3 양념이 스민 거위와 기러기 고기를 보름을 절여 둔다.

4 절인 거위와 기러기 고기를 햇볕에 말린다.

2 4

아안포가 아닌 아안석이라고 하여 일반적으로 쓰이는 '포' 대신 '석'을 사용하였다. 아안의 '아'는 '거위'를 '안'은 '기러기'를 뜻한다.

'아'인 거위는 황금알을 낳는 거위, 거위 간 요리인 푸아그라와 우리를 추위로부터 보호해 주는 거위털로 친근하지만 정작 거위고기는 낯설다.

'안' 인 기러기도 찬 가을 하늘을 수놓으며 떼를 지어 편대비행을 하는 철새로 기억될 뿐이다.

이처럼 거위와 기러기 고기는 음식소재로는 서먹하지만 아안석의 조리법은 아주 친근하다.

소금에 절인 거위나 기러기를 천초, 회향, 시라, 진피로 비벼서 보름을 절인 다음 마를 때까지 햇볕에 둔다. 현대의 닭이나 오리의 조리법에 그대로 적용해도 손색이 없는 조리법이다.

거위와 기러기 둘 다 껍질이 두툼하고 누린내가 있어 보름을 절여야만 양념 맛이 배어들고 향이 좋아진다. 거위는 껍질이 겨자처럼 노르스름하고 기러기는 마지못해 술 한 잔 마신 여인의 볼처럼 불그스레한 분홍빛이 껍질에 살짝 감돈다.

아안은 껍질이 두껍고 지방이 많아 아주 서서히 마르기 때문에 느긋하게 오래 말리기로 한다. 특히, 아안석의 '석'이 오래된 고기를 뜻하므로 더욱 그렇다.

손질한 아안은 선홍빛의 살과 누런 지방층이 확연하게 구분된다. 스무날을 말려도 속살은 촉촉하다. 한 달을 넘기자 두툼한 껍질에서 기름이 배어나 아안이 번지르르하여 기름으로 화장을 한 듯 예쁘다.

한 달 반이 되어 가지만 두꺼운 껍질이 수분의 증발을 막아 고기의 촉촉함을 유지한다. 맨드라미로 물들인 듯한 붉은 아안석은 일단 눈으로 먹어도 맛있다. 썰린 아안석은 입안에서도 부드럽게 살살 녹아 마치 연어와 같은 식감이다.

소는 밭갈이에, 말은 짐 싣기에, 닭은 새벽 알림을 맡고, 돼지·오리·거위 등은 식용으로 충당함이 목양에 깊은 도리다 라는 선인의 말씀은 소와 말의 식육을 금하고자 하는 의도도 있지만 거위와 기러기 고기가 맛이 있고 건강에도 좋기 때문이었구나 라는 생각을 아안석을 통해 하게 된다.

Tip

거위나 기러기 고기는 성인병에 좋은 건강육이다. 포를 만들어 먹는 것도 좋지만
'아안석'의 조리양념을 활용하여 오븐에 굽거나 팬에 구워서 통닭처럼 먹어도 좋다.

오미포

다름을 발효로 어울러 하나되게 한

오미포

납월 초에 만드는데 거위·기러기·닭·오리·왜가리·비둘기·물오리·꿩·토끼·메추라기·생선으로 모두 만들 수 있다. 깨끗이 손질하여 밑구멍[腥竅] 및 꽁지 위의 지병(脂瓶)을 제거한 뒤, 물에 완전히 잠기게 하고 배를 가르지 않는다. 소와 양을 따로 해서 뼈와 고기를 삶아 즙을 취하여 두시(豆豉)를 담가 섞는데 오미포법(五味脯法)과 똑같다. [[안] 이 구는 와전이나 오류가 있는 듯하다.] 4~5일 담가둬서 맛이 푹 들었으면 바로 내다가 발 위에 두고 음지에서 말린 뒤, 불에 구워 익으면 몽둥이로 두드린다. 오미포는 촉석(瘃腊)이라고도 하고 촉어석(瘃魚腊)이라고도 한다. 《제민요술》

五味脯方

臘月初作, 用鵝, 雁, 鷄, 鴨, 鶬, 鳩, 鳧, 雉, 兔, 鶉鶉, 生魚, 皆得作. 乃淨治去腥竅及翠上脂瓶, 全浸, 勿四破. 別煮牛羊骨肉取汁, 浸豉和調, 一同五味脯法. [[案]此句, 疑有訛誤.] 浸四五日, 嘗味徹, 便出置箔上陰乾, 火炙熟槌, 亦名瘃腊, 亦名瘃魚腊.《齊民要術》

● 주재료

거위 1마리
기러기 1마리
닭 1마리
오리 1마리
청둥오리 1마리
비둘기 1마리
메추라기 1마리
토끼 1마리
꿩 1마리
청어 3마리
잉어 1마리
숭어 2마리

● 양념재료

두시 700g
소고기 300g
소고기 뼈 1.5kg
양고기 300g
양고기 뼈 1kg
소고기와 소고기 뼈를 삶은 육즙 8L
양고기와 양고기 뼈를 삶은 육즙 7L

7

11

● 만들기

1 거위, 기러기, 닭, 비둘기 등의 털을 뽑아 손질하고 배를 가르지 않고 내장을 제거한다.

2 거위, 기러기, 닭, 비둘기 등의 꽁지 위의 지병을 제거한다.

3 소고기와 소고기 뼈를 삶아 육즙을 준비한다.

4 양고기와 양고기 뼈를 삶아 육즙을 준비한다.

5 손질한 거위, 기러기, 닭, 비둘기 등을 큰 항아리에 담는다.

6 준비해 둔 소고기 육즙과 양고기 육즙에 두시를 섞는다.

7 두시가 섞인 육즙을 항아리에 부어 거위, 기러기, 닭, 비둘기 등이 푹 잠기도록 붓는다.

8 4~5일 뒤 항아리 안의 맛이 든 고기를 건진다.

9 음지에 발을 설치하고 고기를 넣어 말린다.

10 잘 마르면 거둬 들여 불에 구워 익힌다.

11 불에 구운 고기를 다듬잇돌에 올려 몽둥이로 두드린다.

12 부드러워진 고기는 찢어서 먹는다.

오미포의 재료와 조리법을 보는 순간 걱정을 넘어선 두려움이 몰려 온다. 〈정조지〉의 포석편 조리법 중 가장 난해한 음식 중 하나다.

꼭 넘어야 하는 큰 설산 앞에 여름옷에 고무신을 신고 서 있는 사람의 두렵고 막막한 심정이다. 한 가지 재료로만 포를 만들어도 상당한 수고가 들어가는데 네 발 달린 짐승, 두 발 달린 짐승, 민물고기, 바닷물고기가 동시에 다 출동한다.

도저히 상식으로 이해가 안되는 조리법은 또 다른 부담감을 잔뜩 안겨준다.

소금 간도 하지 않은 고기를 고기육즙에 담가 항아리에 두면 두시가 발효시킨다고 해도 부패할 것이다. 무차별적으로 들어간 재료가 빚어내는 불협화음은 상상조차 할 수 없다. 세상의 모든 고기가 다 오미포로 가능하고 심지어 같이 합해 넣어도 좋다. 이 자신만만함은 어디서 나온다는 말인가? 지구인, 화성인, 로봇이 한꺼번에 사는 신세계가 올 것이라고는 하지만 이미 오미포에서 구현된 것 같다.

〈정조지〉에 구체적으로 이름이 표기된 재료들은 가급적 다 구해서 넣으려고 노력했다.

불안한 마음을 가득 안고 항아리를 수시로 열어 보며 포의 동태를 예의 주시하였는데 놀랍게도 오미포는 썩지 않고 조금씩 발효를 하고 있었다.

닷새가 지나자 질긴 야생고기가 연육제를 사용한 고기처럼 부드러워지며 각 고기의 개성 있던 향은 다 사라지고 통조림고기의 냄새로 통일되었다.

오미포는 큰 덩치의 고기가 아니고 거위나 토끼 크기 이하의 작은 고기로 만든다. 오미포에 들어간 생선은 감칠맛을 내주어 서로 다른 맛을 이어주는 가교역할을 해준다. 고기들이 육즙에서 발효되면서 부드러워져 다른 포를 말릴 때보다 고기를 어루만지듯 다루어야 한다.

고기들을 한 달 이상 음지에서 말려 불에 구운 다음 다듬잇돌에 올려 놓고 북어처럼 방망이로 두드렸다.

성격이 다른 고기를 다 합하여 조리한다는 것이 쉽지는 않다. 하지만 서로 다름을 메주로 발효시킴으로써 맛의 개성을 빼고 하나의 새로운 향미와 식감으로 통일시킨 오미포는 다양한 조리법에 대한 도전과 시도라는 점에서 높이 평가하고 싶다.

소금 대신 흰 눈으로 간을 한

엄포

엄포

납월 초에 만드는데 오미포를 만들 수 있는 고기라면 모두 만들기에 적당하지만 오직 생선은 적당하지 않다. 끓인 맹물에 푹 삶아 뜬 거품을 제거하고, 솥에서 고기를 꺼낼 때에는 더욱 불을 세게 하는데 불이 세면 쉽게 마른다. 발 위에 두고 음지에 말리면 달고 연하며 맛이 매우 뛰어나다.《제민요술》

腌脯方

臘月初作, 任爲五味脯者, 皆中作, 唯魚不中耳. 白湯熟煮, 掠去浮沫, 欲去釜時, 尤須急火, 急則易燥. 置箔上陰乾之, 甜脆殊常.《齊民要術》

● **주재료**

거위 1마리
기러기 1마리
닭 1마리
오리 1마리
꿩 1마리
메추라기 2마리
비둘기 2마리
토끼 1마리
청둥오리 1마리

● **양념재료**

물 10L

1

4

● **만들기**

1 솥에 거위, 기러기, 닭, 오리 등이 잠길 정도의 충분한 물을 붓고 끓인다.

2 물이 끓으면 거위, 닭, 오리 등을 솥에 넣고 약 20분 정도 삶는다.
   (고기의 크기에 따라 삶는 시간이 다르므로 작은 고기가 익으면 먼저 꺼낸다)

3 솥에서 고기를 꺼내기 전에 불을 세게 하여 고기를 끓인다.

4 발을 음지에 설치하고 솥에서 꺼낸 고기를 발에 펼쳐서 말린다.

엄포는 무염포로 소금 대신 엄동설한으로 간을 하였다. 오미포처럼 모든 고기가 가능하지만 생선은 빼라고 하였다. 오미포와 같은 방법으로 손질한 오리, 메추라기, 꿩, 토끼고기를 간기가 없는 맹물에 푹 삶는다. 삶은 고기를 꺼내기 전에 화력을 높여 고기의 겉면 수분을 날려 빨리 마를 수 있도록 한다.

이 무염포는 추위가 최고조에 달하는 음력 12월에만 만든다. 소금 간은 하지 않았지만 매서운 찬바람과 눈보라가 멋진 양념이다. 삶아지면서 껍질은 지방이 빠지고 살에는 지방이 배어들어가 지방이 골고루 재배치되었다. 오리나 거위는 풍부한 지방을 꿩이나 메추라기에게 나누어 주어 모두들 적당히 번지르르하다. 마치 내 것 네 것 구분하지 않고 사이좋게 먹을 것을 나누고 옷을 나누어 입은 것 같다.

말리는 과정에서 껍질에 배어난 기름기가 퍽퍽하거나 느끼하지 않을 정도로 적당히 돌아 먹음직스럽다. 완성된 포는 간을 안 하고 삶아서 뭔가 허전한 맛이다. 포에 간장을 살짝 발라서 불에 구웠다. 간장이 마른 포 안으로 기쁘게 들어가 자리를 잡는다. 서유구 선생이 어찌 먹어 보라고는 안 한 이유를 알 것 같다. 나는 여기까지만 가르쳐 줄테니 너희들이 각자 형편에 맞게 맛있게 만들어 먹어라! 는 선생의 말씀이 들리는 듯하다.

Tip

삶은 고기를 말린 것이 바로 '엄포'다. 보통은 고기를 삶아서 먹고 남으면 다시 데워 먹기보다는 어찌할 바를 모르는 경우가 많다. 이럴 땐 남은 삶은 고기를 말려서 '엄포'를 만든 다음 국물로 활용하거나 가루로 만들어 양념으로 사용해도 좋을 것 같다.

풍어 1

정성과 바람이 빚어낸

풍어 ❶

청어나 잉어를 쓰는데, 배를 갈라 내장과 위를 제거하고 1근당 소금 4~5돈을 써서 7일 동안 절인 뒤, 꺼내 들어 깨끗이 씻고 닦아 말려 아가미 아래에 칼집을 낸다. 천초와 회향에 볶은 소금을 더하여 아가미 안과 아울러 배 안에 비벼 넣은 뒤, 밝은 종이로 싸고 마껍질로 묶어 1개를 이루어 바람이 드는 곳에 걸어둔다. 배 안에 얼마간의 물료를 넣어야 맛이 뛰어나다.《중궤록》

風魚方 ❶

用靑魚, 鯉魚, 破去腸胃, 每斤用鹽四五錢, 醃七日取起, 洗淨拭乾, 腮下切一刀. 將川椒, 茴香, 加炒鹽, 擦入腮內, 幷腹裏, 外以紙包裏, 外用麻皮扎, 成一箇, 挂于當風之處. 腹內入料多些, 方妙.《中饋錄》

● **주재료**

잉어 2.4kg

● **양념재료**

소금 60g
천초 15g
회향 15g
볶은 소금 22g

● **도구**

종이
마 끈

● **만들기**

1 청어와 잉어의 배를 갈라 내장을 제거한다.

2 청어와 잉어 600g 당 소금 15~20g을 써서 일주일 동안 절인다.

3 절인 청어와 잉어를 깨끗이 씻어서 닦아 말려서 아가미 아래에 길게 칼 집을 넣는다.

4 볶은 소금에 천초와 회향을 넣고 아가미 안과 배 안에도 비벼 넣는다.

5 청어와 잉어를 종이로 싸서 마 끈으로 묶는다.

6 종이에 싼 청어와 잉어를 바람이 잘 드는 곳에 걸어 둔다.

풍어는 이름 그대로 바람의 도움으로 만드는 포이기 때문에 바람이 다니는 길을 물색한 다음 만들어야 한다. 소금에 잘 절여진 잉어나 청어를 수분이 많고 살이 두툼하여 잘 상하는 아가미 쪽에 양념을 더 쳐서 말린다.

잉어나 청어는 서로 고향도 모양도 다르지만 붉은 살 생선이라는 공통점을 가지고 있다. 풍어에는 대구나 명태 같은 담백한 흰 살 생선보다는 기름기가 있는 물고기로 만들어야 한다.

청어와 잉어는 같이 만들기는 했지만 마르는 시간차가 크다. 비늘이 없는 청어와 비늘이 단단하게 철옹성을 쌓은 잉어를 같이 포로 만든다는 점, 그리고 절여진 잉어나 청어를 종이로 싼다는 점으로 미루어 잉어의 비늘을 벗겨야 하는 것이 아닌가 하는 고민이 있었지만 청어와 잉어를 별개의 포로 보고 피어나는 의구심을 불어오는 바람에 날려 버렸다.

3주가 걸려 마른 청어포와 잉어포는 바람이 다니는 길에서 골고루 잘 말라 햇볕에 말린 포보다 균질하게 잘 말랐고 고마운 바람의 향기마저 느껴진다. 청어로 말린 풍어는 과메기가 떠오르지만 소금에 절여져서인지 과메기보다는 낙엽처럼 건조하고 색도 곱지 않다. 껍질을 제거한 잉어는 루비처럼 붉은 속살을 드러내며 유혹한다.

잉어와 청어를 종이로 싸기 때문에 향이 잘 스며서 양념이 각각의 맛을 내기보다는 잉어와 청어에 한몸처럼 잘 어우러져 있다. 청어는 간고등어처럼 짭짤하여 '포'보다는 반찬에 더 알맞고 잉어는 훈제연어처럼 낭창낭창하여 혀에 휘감긴다. 상추나 김과 함께 쌈으로 먹어도 잘 어울릴 것 같다. 잉어와 청어에 담긴 살랑한 가을바람이 풍어의 후각을 자극하고 미뢰를 간지럽힌다.

Tip
잉어는 반드시 살아 있는 것을 구입하고
지느러미 뒤에 있는 담낭을 제거해야
잉어 살에 쓴맛이 번지는 것을 막아준다.

풍어 ❷

또 다른 방법: 잉어 1근당 소금 4돈에 산초·사인·파꽃·참기름·생강채·귤껍질채를 더한 뒤, 10일을 눌러서 절여 두었다가 훈연할 만한 곳에 걸어둔다. 《준생팔전》

風魚方 ❷

又法：每魚一斤, 鹽四錢, 加以花椒, 砂仁, 蔥花, 香油, 薑絲, 橘細絲, 醃壓十日, 挂煙薰處.《遵生八牋》

● **주재료**

잉어 2.4kg

● **양념재료**

소금 55g
산초 15g
사인 12g
파꽃 12g
생강채 15g
귤피채 15g
참기름 30mL

● **도구**

누름돌

● **만들기**

1 잉어의 배를 가르고 내장을 제거하여 깨끗이 손질한다.

2 잉어를 베로 닦아서 말려 준다.

3 잉어에 산초, 사인, 파꽃, 참기름, 생강채, 진피를 더하여 절인다.

4 양념된 잉어를 돌로 눌러 열흘을 절인다.

5 훈연이 될 만한 곳에 잉어를 걸어서 말린다.

풍어를 만드는 또 다른 방법으로 바람 대신 연기로 훈연하였다.

큰 잉어를 양념하여 돌로 열흘을 눌러 두면 자연스럽게 살의 조직이 으깨지면서 양념이 잘 배고 연해진다. 잉어처럼 단단한 갑옷비늘을 입고 있는 물고기는 좀 무거운 돌로 눌러 두면 좋다. 풍어에는 성격이 다른 여섯 가지의 향신채와 향신료가 들어가는데 특히 파꽃과 참기름이 들어가는 것이 이색적이다. 참기름은 생선의 비린내를 없애 주고 향이 다소 강한 산초, 사인, 생강채와 진피는 흙냄새를 제거하고 고기의 발색을 도와 풍어에 깊은 색을 입혀 준다.

이 포는 소박한 파꽃 하나로도 이미 특별하다. 파꽃은 파 대나 뿌리보다 더 많은 영양소가 몰려 약재로도 쓰인다. 흰 눈 같은 파꽃과 계란찜처럼 노르스름한 생강채, 흑진주처럼 빛나는 검은 산초, 마고자에 달린 호박단추처럼 주황이 깊은 진피, 땅강아지 색의 사인이 알록달록 예쁘다.

불 향기를 담기에 좋을 만큼 무장해제된 잉어 안에 나무로 불을 피워 매캐한 불 향을 집어넣은 다음 부엌으로 가져와 조리대 위에 걸어 두었다. 조리환경이 훈제어포를 만들기에 적합하지 않아서인지 매일 꺼내어 냄새를 맡아 보아도 훈제향은 배어들지 않는다. 다시 바깥에서 불을 피워 물을 뿌린 다음 포를 올려 놓았다. 이번엔 훈제향이 너무 강하게 들어가서 바람에 날리듯 나는 파꽃 향기는 사라지고 진한 훈제향의 풍어포만 완성되었다. 너무 조바심을 내면 이런 일이 벌어진다. 선생께 미안한 생각이 들지만 다시 만들기에는 너무 벅차다. 부족하지만 풍어의 속살을 발라 내어 먹어 보았다. 매캐한 불 향 때문인지 향취가 사라진 것이 아쉽다.

주
어
포

술에 취한 잉어로 만든

주어포

큰 잉어를 깨끗이 씻어 베로 닦아 말린다. 1근당 소금 1냥, 파·시라·후추·생강채 각
각 조금을 써서 좋은 술과 같이 절이는데, 술이 생선보다 손가락 하나 정도 더 높게
잠기도록 하고, 매일 뒤적여 주다가 맛이 배어들면 꺼내어 볕에 쬐어 말려 깎아서 먹
는다. 주어포는 납월에 만든다.《거가필용》

酒魚脯方

大鯉魚, 淨洗布拭乾. 每斤用鹽一兩, 蔥·蒔蘿·椒·薑絲各少許, 好酒同醃, 令酒高魚一指, 逐日
翻動, 候滋味透, 取出曬乾削食. 臘月造.《居家必用》

● **주재료**

잉어 1.8kg

● **양념재료**

소금 37g(잉어 1근당)
파 1대
시라 15g
후추 15g
생강채 20g
술(술의 양은 잉어가 충분히 잠길 정도로 한다)

● **만들기**

1 큰 잉어를 배를 가르고 내장을 제거한 다음 미끈한 액이 빠질 때까지 깨끗이 씻는다.

2 씻은 잉어를 베로 닦아서 물기를 제거한다.

3 잉어를 그릇에 담고 소금, 파, 시라, 후추, 생강채를 넣는다.

4 양념을 넣은 잉어에 술이 손가락 하나 높이로 올라오도록 술을 넉넉하게 부어준다.

5 술에 담긴 잉어를 매일 뒤적여준다.

6 잉어에 양념 맛이 배면 볕에 말려 먹는다.

7 말린 잉어포는 비늘을 제거하고 포를 떠서 먹는다.

주어포의 주인공은 매콤하고 상쾌한 술독에 빠진 잉어다. 큰 잉어는 철갑처럼 단단한 비늘이 온몸을 덮고 있어 여간해서는 양념이 침투하지 못한다. 큰 잉어가 술에 푹 잠기고도 손가락 한 마디가 잠기려면 작은 동이 하나의 좋은 술이 필요하다. 술에 비해 소금이 적어 슴슴하게 간을 맞추는 정도라 염장효과나 방부효과는 기대하기 어렵고 향신료도 술 향에 치여 은은하게 향을 잡아주는 정도다.

주어포도 많은 시행착오 끝에 술의 양이 정해졌을 것이다. 처음엔 술이 아까워서 적시듯 뿌려보거나 잉어가 잠길 정도로 부었다가 부패하거나 만들어져도 흙냄새가 많이 나서 먹기가 어려웠을 것이다. 술통에 빠져서 주정뱅이가 된 잉어는 추운 줄도 모르고 양지 녘에서 꾸벅꾸벅 낮잠을 잔다. 주어포는 말려도 크게 줄어들지 않아 말랐는지 여부를 알기가 어렵다. 잉어를 꾹꾹 눌러 보아도 말랑말랑하다. 한 달이 되어도 잉어는 늘 그 모습 그대로 졸고 있다. 주어포는 단단하게 마르는 포는 아닌 것 같아 칼로 힘들게 비늘을 벗겼다. 빨간 잉어 살이 생경스러울 정도로 생생하여 움찔해진다. 큰 잉어육이라 그런지 육빛이 마치 말고기와 비슷하다. 오랜 시간을 걸어서 말렸는데도 수분이 촉촉하여 건조로 소요된 긴 시간들을 잃어버린 것 같다. 주어포에서 기분 좋은 술 향이 확 풍긴다. 주어포의 생생한 붉은 빛과 술 향이 예사롭지 않다. 겨울소리를 들으며 주어포를 안주 삼아 술 한 잔을 기울이면 주어포에 취했는지 술에 취했는지 알 수가 없다.

술통에 빠진 주정뱅이 잉어로 만드는 주어포는 오직 음력 12월에만 만들 수 있다.

3

건복
1

졸깃함과 담백함의 조화

건복 ❶

마른 전복은 꼬챙이에 꿰어서 말린다.《화한삼재도회》

乾鰒方 ❶

乾鰒串貫乾之.《和漢三才圖會》

● **주재료**

전복 5개

● **도구**

꼬챙이

● **만들기**

1　전복을 입을 제거한 후 깨끗이 씻어 손질한다.

2　손질한 전복을 면보로 닦아 수분을 제거한다.

3　수분을 제거한 전복을 꼬챙이에 꿴다.

4　꼬챙이에 꿴 전복을 바람이 잘 통하는 곳에서 말린다.

건복은 마른 전복을 말한다. 예로부터 전복은 말려서 포로 먹는 것을 제일로 쳤다.

전복은 보통 통으로 말리는데 지금은 큰 전복이 고작 어른 주먹만하지만 예전에는 전복이 작은 거북이만큼 컸다. 그래서 전복을 꼬챙이에 꿰는 수고를 한 번 더해 말려야 상하지 않고 바른 모양으로 빨리 말릴 수 있다.

전복은 살이 두껍고 조직이 치밀하여 말리는 데 시간과 정성이 많이 들어간다.

바구니에 담아 말리면 위 아래의 건조 환경이 달라 잘 마르지 않고 상하기 십상이다. 자주 뒤집어 주어도 꼬챙이나 실에 꿰어 말린 전복과 비교할 수 없다.

'전복을 꼬챙이에 꿰어 말리는 것'은 간단하지만 건복을 만드는 최고의 조리법이다.

골고루 깨끗하게 말려진 건복은 그 자체로 가치가 있지만 건복을 응용한 전복쌈이나 화복을 모양 있게 만드는 데 가장 중요한 역할을 한다.

1

3

Tip

낯빛이 좋은 건복을 만들기 위해서는 깨끗이 손질하는
것이 무엇보다 중요하다. 특히, 전복을 손질할 때는
전복의 옆 주름살을 벌려서 360도 돌아가면서 닦아낸다.

건
복
2

소금에 절인 마른 전복을 맛있게 먹는 법

건복 ❷

말린 전복 큰 것은 소금을 반드시 많이 넣기 때문에 짜서 먹을 수가 없다. 따라서 먹을 때는 반드시 깨끗한 물에 담가 소금기를 빼고 나서야 먹을 수 있다. 작고 색이 누렇고 밝은 것이 맛이 담백하여 먹을 만하고, 완전히 마르지 않고 반쯤 마르고 반쯤 생것인 것이 더욱 좋다. 《증보산림경제》

乾鰒方 ❷

乾鰒之大者, 用鹽必多, 鹹不可食. 臨食必淨水浸退鹽, 乃可食. 少而色黃明者, 味淡可食, 半乾半生者, 尤佳. 《增補山林經濟》

● 재료

소금에 절인 전복 5개
물 1L

● 만들기

1   소금에 절여진 전복을 깨끗이 씻는다.

2   깨끗이 씻은 전복을 깨끗한 물에 담가 둔다.

3   전복의 소금기가 빠지면 먹는다.

큰 전복은 보관을 위해 소금을 많이 사용하여 말렸기 때문에 그대로는 짜서 먹을 수 없다. 물에 담가서 소금기를 빼고 살짝 말려서 먹어야 한다.

전복은 작고 누렇고 밝은 것이 맛이 담백하여 먹을 만하다고 하였는데 건복을 만들어 보면 공감이 간다. 건복이 너무 크면 마르는 시간이 많이 소요되면서 건복의 색이 검은빛이 돌고 맛과 향도 많이 떨어진다. 그래서 건복은 먹어 보지 않고 색깔만 보아도 맛과 향을 알 수 있다. 맛있는 건복은 밝은 누르스름한 빛깔을 띠고 반쯤만 말라야 한다.

바싹 마른 건복은 물에 불려 그냥 먹어도 좋지만 탕이나 볶음으로 조리하면 다양한 전복음식을 즐길 수 있다.

전복 암컷의 생김새

Tip

전복의 내장이 초록색이면 암컷이고 황색이면 수컷이다. 전복 수컷은 육질이 단단해서 횟감으로 좋고 암컷은 육질이 연해 가열 조리에 적합하다. 전복을 살짝 삶은 후 우유에 담가 두면 육질이 부드러워진다.

전복 수컷의 생김새

건
복
3

우정도 사랑도 길고 긴 장복 같아라

건복 ❸

장복조법(長鰒造法): 생전복의 내장을 제거하고 귀 끝(전복 안 사방의 둘레에서 단단하고 얇으며 색이 푸르고 검은 부분을 '전복 귀'[鰒耳]라 한다.)으로부터 얇게 잘라 가운데 살점까지 이르게 하여 하나의 긴 오리를 이루는데, 표주박을 얇게 잘라 저장하는 법과 같다. 볕에 말릴 때는 반쯤 마른 것을 가져다가 당기고 늘여서 길게 만든 뒤, 다시 볕에 말려 긴 오리로 만들면 그 색이 희고 밝고 영롱하다.[〔안〕우리나라의 장복 제조법은 애초에 전복을 얇고 얇게 긴 오리로 자른 뒤, 쇠몽둥이로 가늘게 두들겨 그 얇기가 종이와 같다. 이 전복을 차차 이어 붙이면 길이 5~6척으로 늘릴 수 있고, 가위로 양변을 마름질하여 자르면 넓이는 1.5촌이 된다. 10오리를 1첩으로 하여 공물로 바치며, 추복(槌鰒)이라고 부르니 바다의 맛 중에서 가장 진귀한 것이다. 《화한삼재도회》

乾鰒方 ❸

長鰒造法:生鰒去腸, 從耳端【鰒內四圍, 堅薄而色蒼黑者, 謂之鰒耳.】薄切剝至中肉, 成一帶長條, 如剝瓠蓄法. 暴乾, 取生乾者, 引伸令長, 復乾暴作長條, 其色白而明瑩. 〔案〕東國造法, 旣削作薄薄長條, 用鐵槌槌細, 其薄如紙. 次次粘連, 可引長五六尺, 裁剪兩邊, 廣可寸半. 十條爲一貼, 用充貢獻, 呼爲槌鰒, 海味中最珍貴者也.《和漢三才圖會》

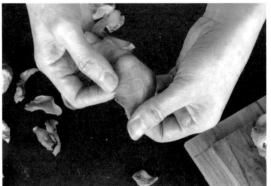

● **재료**

전복 5개

● **만들기**

1   전복을 내장을 제거하고 손질한다.

2   전복을 얇고 길게 이어 붙여서 포를 떠서 반쯤만 말린다.

3   반쯤 말린 전복을 손으로 당기고 늘여서 길게 만든다.

4   늘이고 길게 만든 전복을 다시 볕에 말린다.

장복조법은 길 장(長)이라는 뜻 그대로 전복을 얇고 길게 포를 떠서 막대기처럼 길게 말린 건복이다.

전복을 길게 만들기 위해서는 포를 뜨다가 마지막 전복이 잘리기 직전 칼을 멈추고 포를 붙인 채 다시 반대 방향으로 포를 뜨면서 이어 붙이기를 계속하면 된다. 이 전복을 햇볕에 넣어 반쯤 마르면 손으로 만져서 얇고 길게 늘인 다음 다시 햇볕에 말린다.

완성된 건복은 통으로 말려 포를 뜬 전복보다 색이 하얗고 투명하여 새로 창호지를 바른 문처럼 환하고 밝다.

건복을 장복조법으로 마술 지팡이처럼 길게 만들어 먹든 작은 조각으로 먹든 맛은 똑같다.

전복은 껍질째 말리는 다른 어포에 비해 유난히 수축이 많이 되어서 볼품이 없다. 조선시대에는 건복이 폐백이나 의례의 상차림에 많이 쓰였기 때문에 말라비틀어지고 쭈그러진 모습의 건복은 성에 차지 않았을 것이다.

긴 건복을 다른 포의 장식품으로 쓰거나 돌돌 말아서 똬리처럼 접시에 담아 의례상의 화려함을 연출하기 위해 긴 건복을 만들기도 하였지만 긴 건복이 잔칫상 주인공의 긴 수명을 축원하고 권세가 길게 이어지기를 소망하는 염원을 건복에 담았던 것은 아닌가 생각된다.

4

건복 4

잔칫상의 꽃은 '추복'이라 한다

건복 ❹

[[안]우리나라의 장복 제조법은 애초에 전복을 얇고 얇게 긴 오리로 자른 뒤, 쇠몽둥이로 가늘게 두들겨 그 얇기가 종이와 같다. 이 전복을 차차 이어 붙이면 길이 5~6척으로 늘릴 수 있고, 가위로 양변을 마름질하여 자르면 넓이는 1.5촌이 된다. 10오리를 1첩으로 하여 공물로 바치며, 추복(槌鰒)이라고 부르니 바다의 맛 중에서 가장 진귀한 것이다. 《화한삼재도회》

乾鰒方 ❹

[[案]東國造法, 旣削作薄薄長條, 用鐵槌槌細, 其薄如紙. 次次粘連, 可引長五六尺, 裁剪兩邊, 廣可寸半. 十條爲一貼, 用充貢獻, 呼爲槌鰒, 海味中最珍貴者也.《和漢三才圖會》

● **재료**

전복 5개

● **도구**

쇠몽둥이

3

4

● **만들기**

1   전복을 이어 붙이기를 하면서 얇게 포를 뜬다.

2   얇게 포를 뜬 전복을 반쯤 말려 준다.

3   전복이 완전히 마르기 전 촉촉한 상태에서 전복을 쇠몽둥이로 두드려서 종이처럼 얇게 한다.

4   얇게 이어 붙인 전복을 또 다른 전복과 이어 붙이기를 하여 길게 한다.

5   전복의 가장자리를 칼로 얇게 마름질하여 넓이를 넓게 한다.

6   길고 넓게 만들어진 전복을 그늘이나 강하지 않은 볕에 널어서 수분을 조금 더 날려준다.

장복조법 1보다 더 길고 더 넓게 전복을 펼쳐서 제례나 혼례 등의 의례에 사용한다.

의례에 사용되는 음식은 대부분 널찍하고 크게 만들어 상에 올린다. 전복은 말리면 오그라져 볼품이 없기 때문에 가능한 한 이어 붙여서라도 길고 넓게 만들어 의례상에 올리고자 하였다.

장복조법 1에서는 반건조된 전복을 손으로 만져서 늘이지만 장복조법 2에서는 처음부터 얇게 포를 뜬 전복을 쇠몽둥이로 가볍게 두드려 얇게 늘이기를 한다. 길게 만들기 위해서 전복을 서로 잇댄 다음 잇댄 부분을 살살 쇠망치로 두드려 붙여 말린다. 마르면서 두꺼워진 끝단은 칼을 눕혀서 가능한 한 넓혀 보았다. 이렇게 쇠망치나 방망이로 두드려 펴가면서 얇고 넓게 만들어 건조한 것을 추복이라고 한다.

예전처럼 큰 전복이 없어 1미터가 넘는 장복조법을 복원해 보기는 어렵지만 가능한 한 길고 넓게 만들어 보고자 하였으나 전복 살이 의외로 탄성이 적어 잘 늘어나지 않는다. 조금 늘었다 싶으면 다시 원래 크기로 돌아가기를 반복한다. 건복을 접시 모양으로 둥글게도 만들었다.

추복은 10개를 한 첩이라고 하여 공물로 바치기도 하였는데 바다의 맛 중에서 가장 진귀한 것이라고 한다. 지금은 냉장 냉동기술 덕분에 편하게 전복을 먹을 수 있어 얼마나 다행인지 모르겠다.

추복은 맛도 맛이지만 만든 정성과 노고에 감동을 하게 된다. 추복을 만들기 위해서 얼마나 많은 전복이 들어갔는지 상상이 간다. 받는 사람은 행복하지만 만든 사람은 너무 힘이 들 것 같다. 장복조법이 우리가 일상에서 먹을 수 있는 음식은 아니지만 복원하여 전통 상차림용 홍보에 활용한다면 선조들의 식문화를 제대로 볼 수 있을 것이다.

새우 말리는 법

홍색이 변치 않게 새우를 볕에 말리는 방법

새우를 소금으로 볶아 익혀서 광주리 안에 담은 뒤, 우물물을 뿌려 깨끗이 씻어 소금기를 빼고 볕에 쬐어 말리면 색이 붉어지고 그 색이 변하지 않는다. 《중궤록》

蝦用鹽炒熟, 盛籮內, 用井水淋洗, 去鹽曬乾, 色紅不變. 《中饋錄》

● **주재료**

새우 30마리
소금 20g
우물물 2L

● **만들기**

1 새우를 준비한다.

2 달구어진 두꺼운 냄비에 새우를 넣고 소금을 골고루 뿌리며 볶는다.

3 새우가 보기 좋은 홍색이 나면 불을 끄고 광주리에 담는다.

4 광주리에 담긴 새우에 우물물을 뿌려 새우의 소금기가 빠지도록 한다.

5 소금기가 빠진 새우를 볕에 말린다.

새우를 말리는데 예쁘게 붉은색을 내고 오래 두어도 붉은색이 변치 않게 말리는 방법이다.

보통은 새우를 말릴 때 그냥 말리거나 소금물에 살짝 삶은 다음 말린다.

〈정조지〉의 홍색으로 새우 말리는 법에서는 새우에 소금을 넣고 볶은 다음 소금기를 물에 씻어 빼라고 한다. 소금은 새우 껍질만을 붉게 할 뿐이다. 단단한 껍질의 보호를 받는 새우 살은 짠 소금을 흡수하지 않는다. 그래서 볶은 뒤 바로 씻으면 소금기가 다 빠진다. 소금은 새우에 화려한 붉은색을 내주는 역할을 하고 무대 뒤로 사라진다. 마치 염색을 할 때 색이 잘 들고 오래가게 하기 위해 소금을 넣는 것과 같다. 새우를 그냥 말리면 희나리 고추처럼 곱지 않다. 새우 살을 곱게 하기 위해 소금물에 삶기도 하는데 연한 새우 살이 소금을 흡수 하여 반찬이나 안주로 적당치 않다.

새우포의 색이 붉고 곱지 않으면 식욕이 동하지 않는다.

소금으로 치고 빠지기를 적절하게 하여 고운 색의 변치 않는 새우포를 만들었다.

창의적이고 기발한 선조들의 조리법과 약방의 감초처럼 소개되는 비법을 배울 때마다 보물 섬을 차지한 것처럼 흐뭇하다.

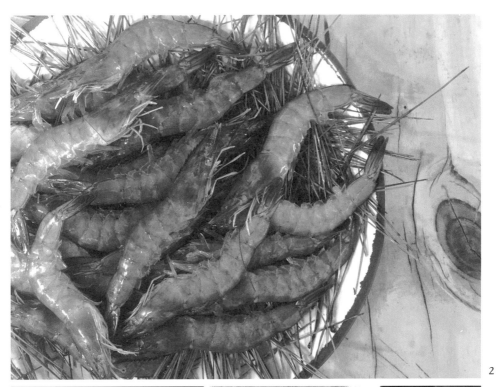

2

4

〈정조지〉에서 만난 다양한 포의 얼굴들

◡

포를 만드는 고기의 가공법에 따라 포를 분류하는데 〈정조지〉에는 다양한 얼굴의 포가 등장한다. 체계적으로 포를 분류하기보다는 〈정조지〉 속의 포에 잘 나타난 조리법과 고기 가공법 그리고 말리는 방법의 특징을 잡아서 다음과 같이 정리했다.

❶ 산포(散脯)

산포는 포를 뜬 소고기를 간장, 후춧가루 등에 양념하여 말린 뒤에 망치로 두드려 고기를 흩뜨려서 모양을 반듯하게 하고 조직을 부드럽게 만든 것을 말한다. 망치 이외에도 무거운 돌 등으로 고기를 눌러 뭉쳐 있는 고기의 조직을 흩뜨리거나 내쳐서 푼 포를 말한다.

산포는 말린 뒤에 고기를 두드리기도 하였지만 포를 말리는 중간에 발로 밟거나 돌로 눌러 포의 모양을 잡거나 조직을 연화시켰다

〈정조지〉에 등장하는 산포로는 방망이로 두드리는 건복과 오미포, 돌로 고기를 누르는 육포총방의 포 3과 천리육, 풍어 2와 대자리로 고기를 덮고 발로 밟는 소고기 육포 1이 해당된다.

현재는 여러 가지 산포의 방법 중 말리는 중간에 고기를 발로 밟거나 두드려 한번에 말리는 방법이 사용 되고 있다. 당시에는 포의 재료가 수렵육이거나 운동량이 많고 늙어 도축된 가축으로 고기가 질겨서 포를 만들 때 고기를 연하게 하는 데 중점을 두었기 때문이다.

❷ 편포(片脯)

편포는 고기를 잘게 썬 다음 곱게 다져서 난도질을 한 고기를 양념하여 모양을 만들어서 말린 포를 말한다. 편은 잘게 조각을 내거나 작게 조각 낸 고기를 편의 형태로 만들었다는 의미이다. 편포는 다식판에 박아서 모양을 내어 반건조하여 먹기도 하였다. 편포는 빚는 모양에 따라 네모형, 원형 등이 있으며 견과류와 함께 작게 빚어서 대추편포, 칠보편포, 편포쌈 등으로 구분한다.

〈정조지〉에는 나무틀을 이용해서 큰 편포의 모양을 만든 뒤 발효시켜 썰어서 먹는 조편포법이 나온다.

❸ 훈연포(燻煙脯)

〈정조지〉에는 고기를 양념하거나 말린 후 맛과 보존성을 높이기 위해 다양한 방식으로 훈연하는 방법이 나온다. 술지게미에 절인 양고기를 부뚜막에 걸어서 훈연하는 양홍간, 고기를 오랫동안 절인 다음 부엌의 연통 가에 두는 육포총방 3의 방법, 화로에 배롱을 설치하고 고기를 훈연하는 배포법, 잉어를 무거운 돌로 누른 다음 훈연하는 풍어 2가 있다. 이 훈연법들은 일상의 도구와 환경을 이용했다는 점에서 현대의 기계를

이용하는 방식보다 실용적이면서도 다정하다. 요즘 인공적으로 훈연을 한 포들이 모두 같은 향을 내고 있다면 〈정조지〉의 훈연포들은 훈연하는 방법이 다른 만큼 다른 불 향기를 풍기는데 현대의 훈연포가 따라올 수 없는 매력이라고 할 수 있다.

❹ 염포(鹽脯)

〈정조지〉에서 간장을 사용하는 포는 장포법이 유일하다. 두시를 사용한 오미포와 간을 하지 않은 엄포 이외에는 모두 소금으로 간을 한 염포라는 점을 특징으로 꼽을 수 있다.

당시에는 간장이 귀하기도 했지만 고기의 깔끔한 맛을 살리는 데 소금이 더 적합하고 액체인 간장이 포를 말리는 시간을 연장시키고 간장 특유의 냄새가 다른 향신료의 맛을 해치기 때문이다. 요즘 포를 만들 때 간장을 주로 사용하지만 간장의 양을 줄이고 소금을 넣으면 훨씬 더 깔끔하고 다른 양념의 맛이 살아 있는 담백한 맛의 포를 만들 수 있다

❺ 음건포(陰乾脯)

보통 포는 고기를 햇볕이나 바람이 잘 통하는 곳에 말리는 음식이라고 알고 있다. 햇볕에 말리는 것은 신속하게 말릴 수는 있지만 맛과 모양, 그리고 향이 변형되기도 한다. 이런 단점을 극복한 것이 음지에서 시간을 두고 서서히 말린 음건포이다.

음건포는 건조시키는 데 시간이 더 걸려 정성이 더 들어가야 하지만 맛과 식감은 훨씬 더 뛰어나다. 〈정조지〉에는 음지, 햇볕, 약한 햇볕 등 말리는 환경을 정확하게 제시해 주고 있는데 고기가 두툼한 첨비포와 간을 하지 않고 고기를 통째로 포로 만드는 오미포와 엄포는 음지에서 말리고 양념으로 절여지거나 포를 떠서 만든 포는 햇볕에 말리는 것을 원칙으로 하고 있다.

❻ 발효포(醱酵脯)

발효포는 고기에 양념 이외에 고기의 숙성을 촉진하는 효소나 유익균 등을 더하여 맛과 풍미를 올리고 보존성이 향상된 포를 말한다. 술지게미에 양고기를 절인 양홍간과 고기 육수에 두시(메주)를 더해서 통고기를 발효시킨 오미포, 그리고 포를 완성한 후 자기항아리에 넣은 뒤 후숙 발효시키는 조편포법이 있다. 발효포는 발효 방법에 따라 치즈나 통조림 고기처럼 독특한 풍미를 풍기고 식감은 부드러운 것이 특징이다.

포를 만들기 전에 유산균이 함유된 요구르트에 고기를 재워서 숙성 발효시킨 다음 포를 만드는 것도 발효포를 만드는 손쉬운 방법이다.

제 2 장

아름다운 우리의
전통포

우리의 전통포 가운데는 영양(진), 편리성(선)에 아름다움(미)까지 갖춘 포들이 많이 있지만 아직은 주목을 받지 못하고 있다. 포는 조리법과 고기의 종류에 따라 만들어진 모습이 조금씩 다르지만 큰 틀에서는 모양이 비슷하여 포를 보고 아름다운 음식이거나 먹기 좋은 음식이라는 생각은 들지 않는다. 거친 야성을 담은 생명의 음식인 포에서 시각적인 만족까지 기대한다는 것은 과욕인지도 모른다.

우리의 선인들은 '보기 좋은 음식'으로 보여지기에는 태생적인 한계를 지닌 포를 보기 좋고 먹기 좋은 미덕을 갖춘 아름다운 포로 만들어 냈다. 아름다운 우리의 포는 맛도 좋지만 만들어 놓으면 아름다운 모양이 오래 유지되기 때문에 긴 시간 동안 상차림을 돋보이게 하는 장식품으로서의 역할도 톡톡히 하였다.

조선시대에는 유교의 영향으로 관혼상제의 의례가 중시되면서 포가 잔칫상이나 폐백에 어울리는 아름다운 모양을 갖춘 것으로 추측된다.

이 장에서 소개하는 아름다운 우리의 전통포는 고소한 맛으로도 감동을 받지만 접시 위에 나비처럼 앉은 앙증맞고 아름다운 모습으로 우리의 눈을 호사시킨다. 아름다운 전통포는 모양만 아름다운 것이 아니라 먹는 사람을 '배려'하는 고운 마음도 함께 담겨 있다. 말린 포를 곱게 갈거나 고기를 씹기 좋고 소화가 잘되도록 난도질하여 이가 약한 어른들이 먹기에도 불편함이 없다. 아름다운 우리의 전통포는 크기도 작아서 한 입에 쏙 들어가기 때문에 음식 모양 만큼이나 먹는 모습도 아름답도록 배려하였다. 이처럼 배려와 정성 그리고 섬세함이 돋보이는 우리의 아름다운 전통포는 세계의 어떤 음식과 견주어도 손색이 없지만 지금은 구경조차 할 수 없는 음식이 되었다. 앞으로 우리의 아름다운 전통포가 자주 만나는 다정한 이웃 같은 음식이 되기를 바라며 제2장을 연다.

절육

간장이 그려낸 한 폭의 수묵화

● 재료

건가오리 1마리
건문어 1마리
건오징어 1마리
건홍합 20개
간장 220mL
물 300mL
설탕 90mL
맛술 20mL
청하 20mL
조청 30mL
조리용 면실

● 만들기

1 건가오리는 하룻밤, 건오징어와 건문어는 7~8시간, 건홍합은 2~3시간 물에 불려 둔다.

2 물에 불린 가오리를 가로 7cm, 세로 4cm 정도로 자른다.

3 오징어는 다리와 머리를 떼내고 돌돌 말아서 실로 묶어 준다.

4 문어는 다리와 몸통을 말아서 문어의 머리 속에 넣고 머리를 돌돌 말아 실로 단단하게 묶어 준다.

5 홍합은 털을 떼어 내고 깨끗하게 정리한다.

6 간장에 물, 설탕, 청하, 맛술을 넣고 토막낸 가오리, 오징어, 문어를 넣고 중불에서 나무주걱으로 뒤적이며 졸인다.

7 간장 물이 반으로 줄면 홍합을 넣고 약불로 줄이고 나무주걱으로 뒤적이며 졸인다.

8 간장 물이 졸아들면 조청을 발라 윤기를 준다.

9 완성된 절육은 식힌 다음 실을 풀고 1cm 두께로 썰어 접시에 담는다.

절육은 폐백이나 귀한 상에 꼭 오르던 아름다운 우리 전통음식 중 하나로 어포로 만든다. 절육은 포를 말리는 과정, 말린 포를 물로 불리는 과정, 그리고 포를 다듬어서 모양을 내는 과정, 간장 물에 졸이는 과정, 마지막으로 썰어서 예쁘게 담는 총 다섯 가지의 과정으로 조리된다. 가오리는 토막을 내고 오징어는 질긴 다리를 떼내어 말고 문어는 몸통 겸 다리를 돌돌 말아서 내장을 꺼낸 머리 안에 넣었다. 문어 머리가 탄력이 있어 신기하게도 긴 다리와 몸통이 다 들어간다. 말린 고기를 면실로 아주 꼼꼼하게 고정을 시키면 오징어는 작은, 문어는 큰 소시지 같다. 간장 물에 넣어 자박하게 졸여서 실을 풀고 잘라 주었다.

겉과 속의 간장 색의 농도가 달라 먹물로 그린 수묵화 같다. 실로 단단하게 묶어서 흐트러짐이 없고 단정한 것이 곱게 쪽머리를 찐 단아한 여인의 모습 같다. 절육은 푸석한 생선간장조림이 도저히 낼 수 없는 차지고 졸깃한 맛을 가지고 있다. 절도 있는 아름다움과 우아함을 겸비한 절육이야말로 한국의 전통 음식문화를 잘 표현한 대표 음식 중의 하나다.

육포식혜

식혜의 눈꽃이 된 포

● 재료

엿기름가루 2컵
멥쌀 2컵
설탕 1컵
물 3L
편 썬 생강 20g
육포 오린 것 20개

● 만들기

1 엿기름을 미지근한 물 3L를 붓고 불린 다음 손으로 비벼서 진하게 한다.

2 엿기름 물을 3시간 정도 그대로 두어 가라앉힌다.

3 밥솥에 약간 되게 밥을 짓는다.

4 엿기름의 맑은 윗물을 따라 둔다.

5 밥이 되면 4의 엿기름 물을 붓고 용량의 2/3 정도의 설탕을 붓고
   나무수저로 저어 골고루 섞이도록 한다. 엿기름 물을 한 대접 남겨 둔다.

6 밥통을 보온기능으로 두는데 밥통의 온도가 50도 이하나 60도
   이상이 되지 않도록 한다.

7 3시간 후쯤 식혜를 살펴 보고 남겨 두었던 엿기름 물을 추가하고
   맛을 보아 단맛이 부족하면 남은 설탕과 생강을 넣는다.

8 6~7시간 뒤 밥알이 떠오르면 식혜의 밥알을 망으로 건진다.

9 식혜 물을 끓인다.

10 식혜를 그릇에 담고 식혀 두었던 식혜밥을 넣고 꽃처럼 오린 육포와
    잣을 올린다.

육포를 활용한 기발한 음식 가운데 육포식혜가 있다. 천하를 호령하던 흥선대원군의 집에서 먹었던 식혜다. 육포식혜라고 하면 어리둥절하지만 조리법은 간단하다. 육포를 잘게 잘라서 식혜에 잣과 함께 동동 띄우면 된다. 입안에서 부드럽게 이겨지는 달콤한 식혜밥과 짭짤하면서 고소한 육포의 조합이 의외로 괜찮다. 충돌할 것 같은 조합이 만들어낸 뜻밖의 어울림이 기쁨을 준다.

'운현궁의 호랑이' 흥선대원군의 집에서 잔치가 벌어진다. 전국 팔도에서 올라온 산해진미 중에서도 술 안주로는 육포가 으뜸이다. 육포를 먹던 사람이 취기가 올라 실수로 육포 조각을 식혜에 빠뜨렸다. 무심코 식혜와 같이 건져 먹고 맛이 있다고 하였다. 취객들이 장난기가 발동해 모두 따라 하였는데 의외로 맛이 있었다.

흥선대원군이 "이 맛도 저 맛도 아니지만 식혜에 밝은 눈이 생긴 것 같구나" 라고 하였다.

육다식

야성적인 포의 아름다운 변신

● 재료

소고기육포가루 200g
꿀 2/3수저
참기름 20mL
참깻가루 30g
잣가루 40g
간장 7mL

● 만들기

1 바짝 마른 소고기 육포를 석쇠나 팬에 살짝 굽는다.
2 구운 육포를 잘라서 믹서기에 곱게 갈아 둔다.
3 육포가루를 볼에 담고 잣가루, 참깻가루를 넣는다.
4 2에 꿀과 참기름, 간장을 정한 재료의 반만 넣어 반죽을 시작한다.
5 반죽의 상태를 보아 가면서 꿀과 참기름을 더한다.
6 다식판 안에 비닐랩을 넣는다.
7 잣가루를 다식판 높이의 1/3쯤 담는다.
8 잣가루 위에 반죽된 포를 넣고 숟가락으로 힘있게 눌러 준다.
9 다식판에서 완성된 다식을 빼낸다.
10 조심스럽게 접시에 담아 낸다.

육포를 찢어 가루 내어 볶은 참깻가루와 참기름, 꿀을 반죽하여 다식판에 찍어 낸 육다식은 제한된 모양이 만든 절제된 화려함과 귀한 맛에 누구든 매료되고 만다.

육다식은 술안주로 좋지만 한식 코스요리에 식전주와 곁들이는 애피타이저로 그만이다.

다식판에 랩을 깔고 그 위에 잣가루나 꿀에 버무린 송홧가루, 녹차가루, 아로니아가루, 마가루 등을 깔고 포 반죽을 올려 다식과 육다식을 한번에 표현하였다. 아름다울 뿐만 아니라 맛도 좋고 건강한 포다식이 만들어진다. 육다식의 섬세한 모양과 응축된 맛이 프랑스 음식처럼 보여 프랑스 레스토랑의 코스요리에 들어가도 손색이 없을 것 같다.

잡채, 불고기, 비빔밥, 삼계탕 등은 맛은 있지만 섬세함을 요구하는 음식은 아니다. 음식은 '눈으로 먼저 먹고 나중에 입으로 먹는다'고 한다. 눈으로도 입으로도 맛있는 육다식이야말로 한식의 아름다움과 맛을 세계에 알리기 위해 만들어진 것 같다.

Tip

육다식의 반죽이 질면 쉽게 상하고 다식판의 모양이 예쁘게 새겨지지 않는다.
반죽에 꿀과 참기름을 한번에 넣지 말고 반죽의 상태를 보아가면서 넣는다.

어다식

강물 위에 떠오른 보름달

● **재료**

통북어 1마리
꿀 1수저
참기름 2/3수저
잣가루 30g
소금 10g
아로니아가루 5g
강황가루 5g
맨드라미꽃가루 6g
방풍가루 5g

● **만들기**

1 통북어를 살짝 굽는다.
2 통북어를 얇은 수저로 긁어서 보푸라기를 만든다.
3 거친 북어포 가루는 손으로 비벼서 곱게 손질한다.
4 곱게 갈아 둔 북어가루를 꿀과 참기름, 소금, 잣가루로 버무려
   뭉쳐둔다.
5 다식틀에 비닐랩을 깔고 아로니아가루, 강황가루, 맨드라미꽃가루,
   방풍가루를 각각 다식틀 위에 골고루 편다.
6 뿌려진 가루 위에 뭉쳐진 북어가루를 넣고 수저로 꼭꼭 눌러
   다식판의 모양이 잘 박히도록 한다.
7 다식판의 비닐랩을 조심스럽게 빼내어 어포를 접시에 담는다.

어다식은 북어, 대구포, 민어포, 건전복을 곱게 갈아서 꿀을 넣고 반죽하여 다식판에 문양을
넣어 찍어 내는 아름다운 우리의 전통음식이다.

어다식은 조선시대부터 만들어졌는데 주로 잔칫상을 고이는 데 사용하거나 술안주로 내놓았
다. 퍼실퍼실한 어포가루에 참기름과 잣을 더하여 부드러움과 윤기를 준 선인들의 지혜가 담긴
음식이다. 어포는 보통은 간장으로 간을 맞추지만 고운 색을 살리기 위해 소금으로 간하였다.
어포와 잣과 참기름을 넣는 것만으로도 고상하고 예쁘지만, 요즘은 어느 집에서나 흔하게 있는
건강분말을 넣어서 식감을 더하였는데 맨드라미꽃가루를 넣어 옛 음식의 정취를 살려 보았다.
새콤한 아로니아와 쌉쌀한 방풍, 다소 강한 맛의 강황이 어포가 상하는 것을 막는 의외의 효
과까지 덤으로 얻을 수 있다. 다소곳이 접시에 담겨 있는 어포는 육포와는 다른 수수함이 돋
보여서 더욱 눈길이 간다.

편포

어버이 살아 계실 제 섬기길 다하는

● **재료**

소고기 우둔살 150g
소고기 양지살 150g
간장 30g
집간장 7g
꿀 10mL
설탕 10g
참기름 10mL
후춧가루 5g
통잣 70개

● **만들기**

1 소고기 우둔살과 양지살을 섞어 곱게 다진다.

2 다진 고기에 간장, 꿀, 설탕, 참기름, 후춧가루를 넣고 고루 치댄다.

3 고루 치댄 고기를 대추 모양, 큰 단추 모양으로 만들어 잣을 박아 모양을 낸다.

4 만들어진 포를 그늘에서 서서히 말린다.

5 접시에 담아 낸다.

편포는 소고기 살코기를 곱게 다진 다음 양념하여 모양을 내 만든 전통포다. 포를 떠서 만든 고기포가 거친 느낌이라면 편포는 정성이 가득 들어간 고운 육포로 치아가 약하고 소화력이 떨어지는 노인들의 영양식으로 좋다. 포가 스테이크라면 편포는 떡갈비에 해당한다. 편포는 보통은 장산적처럼 넓적하게 만들지만 모양과 고명 장식에 따라 대추 모양으로 만들어 잣을 하나 박은 포는 대추편포, 잣 일곱 개를 보석처럼 박은 포는 칠보편포라고 한다.

대추편포와 칠보편포는 잘 마르지 않고 말리면 잣이 떨어지므로 육회처럼 먹어야 하는 포인데 크기를 작게 만들고 반건조되었을 때 잣을 박으면 잣이 예쁘게 제자리를 잡는다.

포쌈

고소함 속에 감추어진 고소함

● **재료**

소고기 우둔살 300g
잣 1/3컵
간장 15mL
집간장 5mL
참기름 8mL
생강즙 7mL
후춧가루 2g

● **만들기**

1 고기는 0.2cm로 얇게 썰어 간장, 집간장, 참기름, 생강즙,
   후춧가루를 뿌려 재워 둔다.

2 재워 둔 고기는 반건조를 시킨다.

3 반건조된 고기를 지름 3.5cm의 만두피 크기로 자른다.

4 고기피 안에 잣 5개를 넣고 반을 접어서 육포피가 풀어지지 않도록
   수저 끝으로 피를 꼭꼭 눌러 고정시켜 준다.

5 가위로 육포피의 끝단을 오려서 예쁘게 정리한다.

6 포쌈의 겉면에 참기름을 살짝 바른다.

＊ 전복쌈도 육포쌈과 같은 방법으로 만든다. 전복이 반쯤 말랐으면 그냥
   만들어도 좋지만 완전히 말랐다면 살짝 찐 다음 부드럽게 하여 만드는 것이
   좋다.

포쌈피에 싸여 투명하게 비춰지는 잣이 장지문으로 등잔불이 아련하게 비춰지는 듯 은은하고 아름답다. 마치 베일 속에 싸인 여인처럼 신비로움까지 주는 육포쌈은 포라는 건조한 음식이 주는 삭막함을 아름다움으로 승화시켰다는 점에서 감동을 준다.

포쌈용 고기는 얇게 썰어서 반쯤 말린 고기로 만들어야 단정하고 예쁘게 만들어진다.

기분 좋을 정도로 질긴 고기를 넘어서 톡 터지는 잣의 고소함은 무딘 입맛을 지닌 사람도 감동을 받게 된다. 좀 더 빠르고 좀 더 편안함을 추구하는 현대에는 포쌈 등 섬세한 손길이 요구되는 음식이 외면받게 되는 것은 당연한지도 모른다.

우리의 포쌈을 많은 사람들이 먹는 전통음식으로 계승시키기 위해서는 '정초에 먹는 복을 부르는 쌈음식'으로 지정하는 것도 한 방안이라는 생각이 든다. 이 작은 포쌈에 갖는 애정과 관심이 우리의 전통포를 넘어서 한국의 음식문화를 발전시키는 일이다.

나뭇잎포

자연에 다소곳이 안긴

● **재료**

소고기 우둔살 200g
진간장 17mL
집간장 4mL
참기름 20g
후춧가루 2g
설탕 2g

● **장식재료**

동백나무 잎

● **만들기**

1 소고기 우둔살을 아주 곱게 다진다.
2 참기름과 설탕을 넣고 끈기가 생기도록 치댄다.
3 진간장과 집간장, 후추를 넣고 섞어 준다.
4 나뭇잎에 적당량의 고기를 올려 자연스럽게 나뭇잎 모양으로만든다.
5 가는 대나무꼬치로 나뭇잎 선을 따라 자연스럽게 고기에 잎 문양을 새긴다.
6 계절에 따라 말려서 먹기도 하고 큰 접시 위에 나뭇잎째 상에 올려 육회처럼 먹는다.

나뭇잎포는 편포의 일종으로 자연물에 포를 올려 담았다는 점에서 독특하다. 편포는 말려서도 먹었지만 주로 육회처럼 먹었으므로 나뭇잎은 편포를 아름답게 돋보이게 하는 장식물이다. 나뭇잎의 굴곡진 모양에 따라 올려져 자연과 음식이 하나가 된 편포는 어떤 수식어나 찬사조차 무색하게 한다.

세월의 더께가 앉아 있어 조금은 엄숙한 포를 재해석하여 만든 나뭇잎포는 자연을 적극적으로 조리에 활용하였다는 점에서 가치가 있다. 자연을 담은 음식들은 같은 조리법이지만 매번 새로움을 주어 우리의 삶에 생동감과 환희의 기쁨을 준다.

전 세계적으로 삶의 양식에 자연주의 바람이 불면서 자연을 접시에 담은 음식들이 각광을 받고 있다. 식탁에서 자연주의를 실천하려는 노력이나 성과는 아쉽게도 유럽이나 미국 등이 앞서고 있고 우리는 모방하고 배우는 입장이다.

자연의 아름다움과 계절이 주는 변화를 섬세하게 담았던 자연친화적인 우리의 음식과 조리법들이 널리 알려졌으면 하는 바람이다.

어란은 바람이 잘 드는 음지에서 말리는데 아침의
뜨는 해와 저녁의 지는 해를 각각 30분씩 쬐어주면
어란이 소독이 되고 완성되는 시간을 단축시킬 수
있다. 칼을 불에 달궈서 어란을 자르면 부서지지 않고
얇게 어란을 자를 수 있다.
식빵도 뜨거운 칼로 자르면 깨끗하게 잘라진다.
어란을 말리는 초기에는 바구니의 바닥에
면보자기를 깔아 어란에서 나오는 수분이 머물면서
알집이 터지지 않도록 주의해야 한다.

어란

농축된 맛의 향연

● **재료**

청어알 1근
숭어알 1근
소금 8g
소금물 1L
맛술 40mL
청하 50mL
생강액 10mL
참기름 80mL
후추 3g
설탕 8g

● **만들기**

1 생어란을 소금물(염도 3%)에 2~3시간 담가서 불순물을 제거하고 물기를 닦아 준다.

2 물기를 닦은 생어란을 청하, 맛술, 소금, 생강, 후추, 생강액에 하루를 절인다.

3 맛이 밴 생어란을 꺼내서 면보로 닦아 수분을 제거한다.

4 수분을 제거한 생어란을 바람이 잘 드는 음지에 넣어 말린다.

5 어란이 반건조되면 하루에 2~3번씩 앞뒤로 참기름을 골고루 바르면서 어란의 모양을 바로잡아 준다.

6 말린 어란은 칼을 불에 달궈 최대한 얇게 썰어 먹는다.

숭어나 청어 등의 생선알을 소금에 절여 햇볕에 반쯤 말린 고급 밥반찬 겸 술안주로 서해안에서 나온 것을 최고로 친다.

조 알갱이를 모은 듯한 어란은 모양도 예쁘지만 고소하면서 짭짤한 맛이 별미 중의 별미다. 숭어 어란은 산란기인 5월에 주로 만들어지는데 산란기의 어란이 고소하고 차진 맛이 나기 때문이다. 어란은 맛이 풍부한 만큼 영양도 풍부하여 환자의 찬으로도 좋다.

전통 어란은 간장에 절여서 깊은 맛을 내고 참기름을 자주 발라 고소한 맛을 살려서 만든다. 하지만 어란 자체가 맛이 깊고 진하면서 고소하기 때문에 간장 대신 소금으로 간하고 참기름의 사용을 최소화하여 어란 자체의 색과 맛을 살렸다.

어란을 볶음밥이나 파스타, 샐러드, 샌드위치에 활용하면 톡톡 터지는 특유의 식감과 맛으로 평범한 요리에 특별함을 준다.

Tip
항염작용이 뛰어난 치자가루를
고춧가루 대신하여 색을 내도 좋다.

북어보푸라기

참을 수 없는 가벼움에 담긴 고소함

● **재료**

북어채 300g
집간장 5mL
고운 고춧가루 5g
소금 5g
방풍가루 5g
아로니아가루 5g
참기름 30mL
아보카도오일 10g
곱게 찐 마늘 24g
설탕 18g

● **만들기**

1 북어채를 손으로 비벼서 고운 보풀을 만들거나 통 북어를 강판에 갈아 고운 보풀을 만든다.

2 보풀을 50g씩 다섯 개로 나눈다.

3 소금과 마늘, 설탕, 참기름을 넣고 조물거린다.

4 고운 고춧가루, 소금, 간장, 설탕, 마늘, 참기름을 넣고 조물거린다.

5 간장, 설탕, 마늘, 참기름을 넣고 조물거린다.

6 방풍가루, 소금, 마늘, 설탕, 아보카도오일을 넣고 조물거린다.

7 아로니아가루, 소금, 설탕, 아보카도오일을 넣고 조물거린다.

북어포를 이용한 보푸라기는 요즘은 잘 만들어 먹지 않는 음식 중의 하나가 되어 버렸다.
북어포를 믹서에 갈아서 만들기도 하지만 북어보푸라기는 역시 손으로 일일이 비비거나 강판에 간 고운 보풀로 만든 것이 제대로 된 북어보푸라기라고 할 수 있다.
대부분의 음식이 조리되는 과정에서 농축되지만 북어보푸라기는 솜사탕처럼 부풀어 올라 밥상 위에 날아갈 듯 사뿐히 앉아 있다.
북어보푸라기는 전통적으로 소금, 간장, 고운 고춧가루를 이용해서 삼색으로 만들지만 현대인들의 건강을 지켜주는 아로니아와 방풍을 이용해서 다섯 가지 색을 살려 만들었다. 참기름 이외에도 무색의 아보카도오일과 코코넛오일, 호두기름을 넣어 북어보푸라기의 고운 색을 살리면서도 다양한 기름에 들어 있는 영양소를 골고루 섭취하도록 하였다. 노랑, 보라, 주황 등 색색의 고운 보푸라기는 꽃으로 만든 음식보다 더 곱고 은근히 화려하다.
북어가 해독작용이 탁월하기 때문에 북어보푸라기는 술안주로 안성맞춤이다. 손으로 잘 비벼서 만든 북어보푸라기는 더할 나위 없이 부드럽고 고소하다. 정성이 들어간 우리의 음식들이 상 위에서 하나 둘 사라지면서 젊은 세대는 맛볼 수 없는 음식이 되어 가는 것 같아 안타깝다.

건오징어전

졸깃함과 꼬들함의 진수

● **재료**

건오징어 2마리
집간장 12mL
참기름 10mL
마늘 15g
설탕 5g
다진 파 1/2컵
맛술 5mL
청하 10mL
계란 3개
밀가루 1컵

● **만들기**

1 건오징어를 다리는 떼어내고 물에 7~8시간 불린다.

2 물에 불린 오징어를 먹기 좋은 크기로 썰어 집간장, 참기름, 마늘,
   설탕, 맛술, 청하, 다진 파로 양념한다.

3 계란을 잘 풀어서 참기름, 마늘을 넣고 잘 젓는다.

4 양념된 오징어에 밀가루를 묻히고 계란도 묻힌다.

5 팬에 기름을 두르고 달궈지면 오징어전을 부친다.

6 접시에 담고 파를 솔솔 뿌린다.

지역에 따라 다르겠지만 예전에는 마른 오징어 전을 안 부치면 잔치를 못 하는 줄 알았다고 한
다. 예전의 잔칫상과 건오징어전을 기억하는 사람들에게 건오징어전은 선택이 아니었다. 지금
은 사시사철 생오징어를 구할 수 있지만 교통이 발달하지 않고 냉동시설이 없던 시절에는 싱싱
한 생오징어를 구경하기 어려웠다.

집집마다 건오징어를 축으로 사다 다락에 두고 간식이나 술안주로 요긴하게 먹다가 잔치나 제사
가 돌아오면 마른 오징어를 물에 불려 전을 부쳤다. 상다리가 부러지는 잔칫상에서도 특유의 감
칠맛과 꼬득거리는 식감이 합해진 마른 오징어전은 가장 먼저 접시 바닥을 드러내는 음식이었다.
생오징어전은 밀가루 옷이 잘 붙지 않고 벗겨져 얌전치 못하게 보이지만 건오징어전은 수월하게
잘 붙는다. 먹기 좋게 한입 크기로 부쳐도 좋지만 건오징어를 통째로 부쳐서 파전처럼 나누어 먹
어도 정겹다.

고서 속 포 이야기

⌣

〈공자와 포〉

공자 당시에는 예물로 일국의 군주(君主)면 보석, 대부(大夫)면 양, 사(士)는 꿩, 서인(庶人)은 거위, 공상인(工商人)은 닭을 지참하는 것이 상례였다고 한다.

공자는 최소한의 예의만 갖추면 신분의 고하에 관계없이 누구나 제자로 받아들였다.

공자는 "내 일찍이 속수 이상의 예를 행한 사람에게 가르침을 주지 않은 바가 없다"는 말을 〈논어〉에 남겼다. 속수란 고기를 소금에 절여 말린 포 열 장을 묶은 것을 말하며 예물 가운데 가장 약소하였다.

공자가 입학금인 속수를 받고 공부를 가르친 제자만 3000명이고 72현을 배출하였다.

춘추 전국 시대의 상황을 고려해 보면 속수가 일반인에게는 상당히 부담스러운 예물일 수도 있지만 당대 최고의 선생인 공자에게 배움을 청하는데 속수 정도의 예는 갖추는 것이 당연한 것 같다.

《공자는 가난하지 않았다》의 저자 '리카이저우'는 공자가 학비로 받은 육포를 당시의 시대 상황을 엄밀히 고려하여 계산하였더니 약 20만 위안이었다고 한다.

〈황희 정승과 말고기포〉

세종대왕 즉위 초인 1424년 세종은 뇌물금지법을 시행하면서 음식물을 주고받는 것까지 규제하려고 하였으나 신하들의 강한 반대에 부딪혀 실패하고 만다. 음식물이 뇌물로 악용되자 세종은 다시 음식물을 뇌물에 포함시키려 시도하였으나 역시 실패한다.

1447년 제주목사 이홍문이 당시 고가였던 말고기포를 법적 뇌물이 아니라는 점을 악용하여 조정에 상납했다. 상납된 말고기포를 황희 정승과 김종서를 비롯한 의정부와 승정원의 관리들까지 모두 받았다는 것이 알려지자 세종은 크게 실망한다. 세종은 신하들의 죄를 묻지 않고 이홍문을 파면시키는 한편 음식물을 뇌물로 규정한다.

《미암일기》

《미암일기》는 조선 중기의 문신이었던 미암 유희춘이 1567년 10월부터 세상을 떠나기 직전인 1577년 5월까지 10년 동안 매일의 일상을 한문으로 기록한 일기다. 《미암일기》에는 포에 대한 기록이 있는데 다음과 같다.

미암은 1568년 10월 홍문관에서 매월 초하루에 주는 하사품으로 말린 노루고기포(장포) 한 마리, 말린 꿩 4마리, 말린 대구 4마리, 말린 새우 4두름, 젓 한 항아리 등을 받았다.

1568년 미암가의 수입은 녹봉으로 받은 쌀과 명주베, 삼베 그리고 증여 받은 벼와 밀가루, 메밀쌀이 있고 포로는 말린 꿩 13마리와 생꿩 3마리 그리고 말린 청어 30마리, 말린 문어 3마리, 건복 13첩, 대구 5마리 등이

다. 선물로 받은 반찬과 과일에 보답하기 위해서 미암의 부인 덕봉이 곳간에서 마른 전복 두 묶음을 작은 보자기에 싸서 여종 부용 편에 보내는 내용도 담겨 있다. 당시 담양이 본거지였던 미암은 서울 남산에서 남의 집을 빌려 살고 있었는데 집세로 포육 한 조각과 말린 꿩을 집주인 심봉원의 집에 보냈다는 내용이 담겨 있어 포가 녹봉이나 화폐를 대신하였음을 알 수 있다.

《음식디미방》

《음식디미방》은 1670년경 정부인 안동 장씨가 시집가는 딸을 위해 쓴 최초의 한글 조리서이다. 《음식디미방》에는 포를 말리는 방법이 다른 음식에 비해서 아주 자세하게 기술되어 있어 영상을 보는 듯한 착각이 든다.

고기를 보자기에 싸서 판자 위에 놓고 자주 밟아 주는데 비가 올 때는 항아리 안에 새끼줄에 매단 고기를 넣고 불을 때서, 볕이 적은 날은 발 위에 고기를 놓고 아래에 불을 때서 말리라고 한다. 날씨가 더우면 시원한 물가의 큰 돌에 올려 두고 말리라는 등 기발한 방법들이 소개된다.

또 오래 두고 먹을 포는 만드는 방법을 달리하고 있다. 판자와 판자 사이에 고기를 넣고 무거운 돌로 누른 다음 물기가 가시면 소금을 더해서 다시 돌로 눌렀다가 반쯤 마르면 다시 판자에 끼워 돌로 눌러 완벽하게 핏기를 제거한 다음 볕에 바짝 말리면 오래 두고 먹을 수 있다고 하였다. 볕이 없는 날은 시렁에 발을 걸치고 고기를 올려 둔 다음 밑에 불을 때서 그 연기로 고기를 말리면 오래 두고 먹어도 벌레가 생기지 않는다고 하였다.

《규합총서》

《규합총서》는 서유구 선생의 형수인 빙허각 이씨가 1809년에 쓴 가정살림백과로 일상에서 요긴한 생활의 지혜를 모은 책인데 필사본으로 내려온 요리책 중 가장 많이 읽혀진 책이다.

《규합총서》에는 고기를 곱게 다져 소금 양념을 한 편포와 다진 고기에 간장으로 간을 한 후 꿀을 넣고 반반한 나뭇잎에 올려 반쯤 말려 노인들이 먹기 좋은 부드러운 약포가 소개된다.

이로 미루어 조선 후기에는 저민 고기를 말린 일반적인 포와 함께 고기를 곱게 다져 나뭇잎 등에 올려 멋을 부린 편포가 유행하였다는 것을 알 수 있다.

이 밖에도 《신동국여지승람》(1530년)에는 꿩고기포와 사슴고기포가, 조선 숙종 때 쓰여진 《산림경제》에는 다식편포가, 《증보산림경제》(1766년)에는 다식편포, 조편포법, 치건 등이 나오고 서유구 선생의 조부인 서명응이 쓴 《고사십이집》에는 다식편포에 대한 기록이 있다.

제 3 장

현대의 포 1

현대인에 맞는 포

〈정조지〉의 포를 복원하는 진정한 의미는 전통포에 담긴 선인들의 지혜와 사라진 조리법을 되살려서 현대포와 접목시키거나 현대인이 좋아할 만한 전통포를 발굴해서 우리의 포를 발전시키는 데 있다.

특히, 포는 바쁜 현대인의 삶 속에서 간편하게 질 좋은 단백질을 섭취할 수 있는 최고의 방법으로 꼽는다. 따라서 생산자와 소비자 모두가 관심을 가지고 있어 포 시장은 급속하게 확장되고 있는 추세다. 그러나 아쉽게도 현재 우리나라 포시장의 판도는 외국포가 주도하고 있으며 새로 개발되는 포도 독창적인 우리의 포가 아닌 잘 팔리고 있는 외국포를 모방하고 있는 현실이다.

우리나라 사람들은 전통적으로 가격이 비싼 소고기육포를 선호하기 때문에 상대적으로 저렴한 육류로 포를 만드는 방법이 발달하지 못한 것도 포 발전에 큰 걸림돌로 작용하고 있다.

제3장에서는 〈정조지〉 포석편의 31가지 포의 다양한 식재료, 양념, 그리고 조리법을 활용하여 현대인의 입맛에 맞으면서 건강에 도움이 될 수 있는 현대포를 만들었다. 이 새로운 시도는 〈정조지〉의 포석편을 복원하는 과정에서 발생한 산물이다. 사실, 〈정조지〉의 포석편이 없었다면 이처럼 다양한 식재와 포 조리법이 존재한다는 것을 알 수 없었을 것이다.

현대포는 소고기와 돼지고기, 닭고기 등에 편중된 식문화를 개선하기 위해 꿩고기, 오리고기, 고래고기, 말고기 등의 식재를 활용하여 〈정조지〉에 소개된 다양한 향신료를 사용하였다. 그리고 현대인의 건강보조제로 효과가 있는 식물을 포에 첨가하여 직접적으로 현대인의 건강에 도움이 되도록 하는 데 역점을 두었으므로 제3장의 포가 지금의 시대를 담은 〈신정조지〉의 포라고 생각된다.

허브치즈육포

향긋함과 부드러움의 만남

● **재료**

소고기 600g
치즈 200~300g
소금 9g
젓갈 8mL
시라 3g
회향 2g
후추 2g
사인 1.5g
정향 2g
오레가노잎 3장
바질잎 4장
로즈메리잎 약간
올리브 오일 20mL
다진 견과류 1/4컵

● **만들기**

1 핏물을 제거한 소고기를 곱게 다진다.
2 다진 고기에 시라, 회향, 사인, 정향을 넣고 치대면서 섞어 준다.
3 소금과 젓갈을 넣고 간을 맞춘다.
4 오레가노, 바질, 로즈메리 잎을 넣고 부드럽게 섞어 준다.
5 고기를 손바닥만하게 만들어 팬에 앞뒤로 잘 구워 둔다.
6 치즈를 팬에 구워 살짝 늘어지면 5의 고기에 올린 다음 손으로 눌러 고기와 접착시킨다.
7 고기에 다진 견과류를 뿌린 후 손으로 눌러 고기에 박아준다.
8 고기에 올리브 오일을 바른다.
9 바람이 잘 통하는 음지에 두고 하루를 말리면서 올리브 오일을 2~3회 발라준다.
10 말린 허브치즈포는 잘라서 냉장고에 두고 팬에 살짝 구워 먹는다.

육포와 치즈의 만남은 육포의 최신 트렌드다. 육포에 송송 박힌 치즈는 먹음직스럽기도 하지만 육포의 딱딱함을 부드럽게 감싸 안아준다. 치즈육포에는 당연히 허브가 들어가서 향을 내는 것이 정석이다. 허브는 향도 향이지만 포를 오래 보존하는 역할도 하여 일석이조의 효과를 낼 수 있다. 우리 산골마을에서 만든 신선한 '구워 먹는 치즈'와 호두, 잣, 피스타치오 등의 견과류를 다져서 넣었다. 허브치즈육포에는 〈정조지〉의 포에 들어가지만 지금은 서양 향신료로 생각하는 시라 (딜), 회향(펜넬), 후추를 기본으로 식초, 사인과 정향 그리고 오레가노, 바질, 로즈메리 등 동서양의 허브를 조금씩 넣었다. 마치 허브가 그려내는 그림을 기다리는 마음으로 포를 만들고 마르기를 기다린다.

고기와 치즈가 두툼하고 믿음직한 허브치즈육포가 완성되었다. 바쁜 현대인의 생활에 맞춰 건조시간을 줄이기 위해 팬에 구워 수분을 제거한 다음 말린 것이 특징이다.

이른 아침 이슬이 채 마르지 않은 허브 밭에 놀러온 듯한 착각이 들 정도로 다양한 허브 향이 진하게 쏟아진다. 허브와 치즈를 좋아하는 사람과 아닌 사람의 호불호가 분명히 갈리는 개성 만점의 포다.

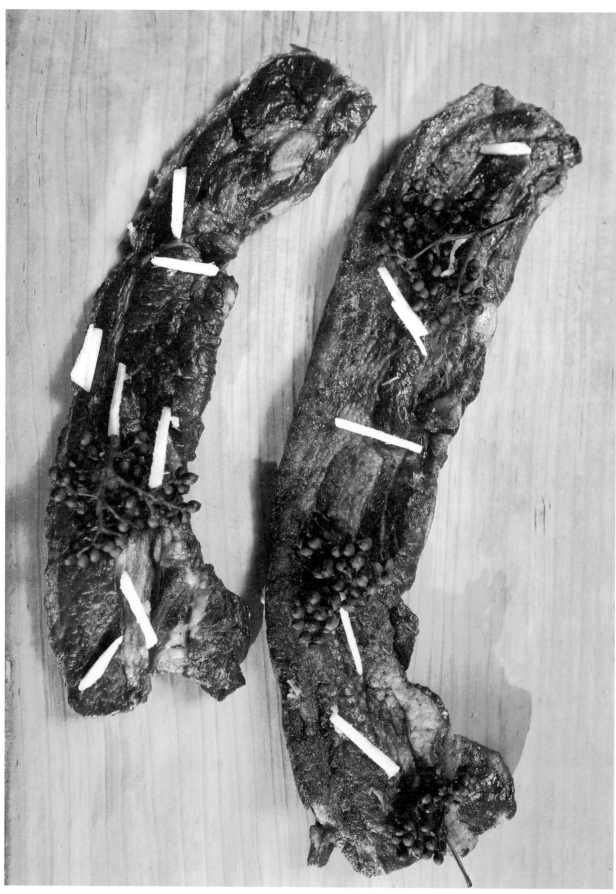

간장박이 삼겹살포

밥반찬으로도 그만인

● 재료

길게 포 뜬 돼지고기 삼겹살 600g
진간장 500mL
집간장 100mL
흑맥주 300mL
흑마늘액 150mL
액젓 30mL
청주 50mL
산초 20알
통후추 10알
생강채 15g
양파즙 50mL
월계수잎 3장

● 만들기

1 진간장, 집간장, 흑맥주, 흑마늘액, 액젓, 양파즙, 청주 등을 부어 담금액을 만든다.
2 산초, 후추, 월계수잎, 생강채를 넣고 삼겹살도 넣는다.
3 하룻밤 실온에서 재운 삼겹살을 냉장고에서 열흘간 숙성시킨다.
4 숙성시킨 삼겹살을 담금액에서 건져 체에 밭쳐 수분을 제거한다.
5 수분이 제거된 삼겹살은 채반에 널어 볕에 말린다.
6 말린 삼겹살은 냉장고에 보관하였다가 불에 구워 먹는다.

돼지고기 삼겹살을 간장에 박아 간과 맛을 배게 한 다음 말린 포다. 더덕, 참외, 깻잎 등의 채소는 고추장이나 된장이 적합하고 고기는 간장에 박아야 간이 잘 배어 오래 두고 먹을 수 있다. 순 간장 만을 사용하면 염도가 너무 높기 때문에 간장에 흑맥주, 흑마늘액, 액젓, 양파즙, 청주를 기본으로 후추, 산초, 생강, 월계수잎을 넣었다. 계절과 입맛에 따라 쑥, 산사자, 가시오 가피, 당귀, 구기자, 계피, 감초 등을 넣으면 약성과 더불어 향기로운 삼겹살포를 만들 수 있다. 실온에서 하룻밤을 재운 뒤, 냉장고에서 5~7일 정도 숙성시키면 산초향 가득한 베이컨 같은 삼겹살 간장박이가 만들어진다. 간장박이를 석쇠나 프라이팬에 구워 남은 기름을 마저 날려서 꼬득하게 한 다음 말리는 방법과 그냥 말린 후 먹기 전에 구워 먹는 방법이 있다. 삼겹살은 간장 속에서 절여지면서 지방이 제거되어 건조하기 쉽다.

간장박이 삼겹살포는 그냥 먹는 것보다 지진 두부와 곁들여 먹으면 잘 어울린다. 잘라서 샐러드에 넣으면 삼겹살포의 깔끔하면서 깊은 짠맛이 샐러드의 풍미를 한껏 올려 준다. 또 다른 활용법으로는 간장박이 삼겹살을 김밥에 넣으면 물기가 없어 김밥의 변질을 막아 주고 특유의 식감은 맛을 올려 준다.

오리고기포

오리포 먹고 오리발을 내미네

● **재료**

오리고기 1근
간장 2큰술
소금 5g
고운 고춧가루 20g
생강술 20mL
산초가루 5g
설탕 5g

● **만들기**

1 껍질이 붙은 오리고기를 0.5cm 두께로 썰어 둔다.
2 오리고기에 간장, 소금, 고운 고춧가루, 생강술, 산초가루, 설탕을 넣고 30분 정도 재운다.
3 프라이팬에 양념한 오리고기를 얌전하게 펴서 양념즙이 다할 때까지 익힌다.
4 채반에 널어 말린다.
5 완성된 오리고기는 냉동이나 냉장 보관한다.

오리고기는 불포화지방산이 풍부하여 건강육으로 주목을 많이 받고 있지만 조리법은 탕과 구이에 머물고 있다. 오리포 양념은 기름기가 많은 오리의 느끼한 맛을 없애기 위해 고춧가루와 시원한 향미를 주는 산초와 생강을 넣었다. 고운 고춧가루를 사용해야 고기와 잘 어우러지고 보기에도 좋다. 고추의 매운 맛이 싫다면 파프리카가루나 강황가루를 대신 넣어도 좋다.
오리고기는 지방이 많아서 포로 말려도 뻣뻣하지 않고 부드럽다. 삶거나 말리면 지방이 적당히 손실되면서 눈으로나 맛으로나 담백하다.

고래고기포

원시의 숨결을 간직한

● **재료**

고래고기 300g
생강 10g
천초 3알
통후추 3알
술 30mL
소금 4g

● **만들기**

1 고래고기를 너무 크지 않게 잘라 둔다.

2 고래고기 삶을 물에 생강과 천초, 통후추, 술을 넣어 준다.

3 고래고기를 2의 물에 넣고 20~25분 정도 삶는다.

4 삶은 고래고기를 편으로 썰어 둔다.

5 채반에 한지를 깔고 고래고기에 소금을 뿌려서 널어 말린다.

고래고기는 열두 가지 맛이 나는 진미로 동해와 남부 해안지역의 전통 식문화의 하나로 이어져 내려왔다. 최근에는 고래고기가 웰빙식품으로 각광을 받으면서 인기가 오르고 있지만 포경이 금지되어 자연사한 고래고기만 유통될 수 있어 그 수요가 한정되어 있다.

울산의 반구대 암각화에 고래를 잡는 모습이 있어 이미 신석기 시대부터 고래를 잡아 식용하였음을 알 수 있다. 덩치가 큰 고래가 잡히면 한번에 먹을 수 없어 포로 만들어 두고 먹었을 것이다. 사슴, 노루, 꿩 등 땅 위의 수렵육만 기억하고 고래는 잊혀져 가는 것 같이 고래포를 만들어 보았다.

고래의 개체수가 늘어나 다시 포경이 허용되면 뇌, 피부, 혈관 건강에 탁월한 효과가 있는 고래고기를 실컷 먹을 날이 올 것이다.

꿩가슴살 편포

감춰 두고 혼자 먹고 싶은

● **재료**

꿩 가슴살 300g
소금 4g
간장 15mL
참기름 10mL
굵게 다진 잣가루 20g
후춧가루 3g

● **만들기**

1 꿩 가슴살을 곱게 다져 놓는다.

2 다진 꿩 가슴살에 소금, 간장, 참기름, 잣가루, 후춧가루를 넣어 치댄다.

3 양념된 꿩고기를 손으로 둥글 납작하게 만든다.

4 햇볕에 말린다.

5 먹을 때는 불에 살짝 구워서 먹으면 부드러워진다.

〈정조지〉의 기름장을 이용하여 반건조한 치건과 소금 하나만으로 바짝 말리는 치건을 합하여 두 포의 장점을 담은 포를 만들었다. 누구나 먹기 좋게 고기를 다져서 편포로 만들고 잣가루를 따로 내지 않고 고기와 합하여 넣어 편리성을 더하였다.

다른 고기에게는 좀 미안하지만 꿩고기는 세상에 나와 다투는 것이 싫어 초야에 묻혀 사는 맑은 선비와 같은 느낌을 준다. 때론 선비도 때묻은 속세와 적당한 타협이 필요하다. 그래서 꿩고기에 참기름과 잣을 넣어 주어 부드럽게 만들었다.

꿩편포는 언제 어느 때 누가 먹어도 좋지만 단백질이 우수하고 많아 성장기 어린이나 단백질이 부족한 노인들에게 더욱 좋다.

소고기 인삼 편포

우아한 인삼 향이 잘 어우러진

● **재료**

소고기 우둔살 600g
인삼 건더기 1/2컵
진간장 50mL
집간장 10mL
참기름 10mL
꿀 15mL
설탕 12g
맛술 5mL

● **만들기**

1 소고기 우둔살을 아주 곱게 칼로 다진다.

2 인삼은 깨끗이 씻어서 굵게 썬 다음 믹서기로 거칠게 갈아 둔다.

3 거칠게 간 인삼을 체망에 담아 수저로 눌러 인삼즙과 인삼 건더기로 나누어 각각 담아 둔다.

4 곱게 다진 소고기 우둔살에 집간장, 진간장, 인삼 건더기, 꿀, 설탕, 맛술을 넣고 고기에 끈기가 생길 때까지 치댄다.

5 치댄 소고기로 둥글 납작한 완자를 빚는다.

6 소고기 완자는 그늘에 널어 말린다.

7 말린 소고기 완자에 참기름을 바른다.

* 남은 인삼 물에 소고기 완자를 졸인 뒤 햇볕에 살짝 말려서 먹어도 좋다.

한국을 대표하는 약초 인삼과 부드러운 편포를 조합하였다. 인삼의 고급스러운 향과 소고기의 감칠맛, 꿀의 달콤함이 간장의 짠맛과 잘 어우러진 인삼편포는 '고상한 음식'이란 이런 음식을 말하는 것이구나 라는 생각이 절로 든다. 포는 말려서 만든다는 고정관념을 넘어선 소고기 인삼편포는 간의 정도에 따라 반찬, 안주, 그리고 간식으로 무한 변신이 가능하다.

특히, 소고기 인삼편포를 주먹밥 안에 넣거나 전골에 올리면 음식의 격이 확 달라진다.

인삼편포는 소고기에 돼지고기를 섞어서 만들어도 좋고 돼지고기에 소고기를 섞거나 돼지고기 만으로 만들어도 좋다.

인삼의 고급스러운 향을 해치지 않기 위해서 고기양념에 참기름이나 후추 등의 향신료를 넣지 않았고 포가 완성된 후에는 윤기를 위해서 참기름을 발랐다. 조리 중에 만나지 않은 참기름과 인삼의 향은 의외로 낯설지 않고 생각보다 더 잘 어울린다.

Tip

인삼편포는 그냥 말려서 먹어도 좋지만 꿀과 설탕, 간장, 인삼 물에 졸여서 반찬으로 활용해도 좋다.

돼지고기 육포 두 가지

매콤함과 짭쪼름함의 두 가지 맛

우리는 돼지고기를 바짝 굽거나 익혀 먹어야 한다는 강박이 있기 때문에 식중독의 위험이 있는 돼지고기포를 거의 만들지 않고 좋아하지도 않는다. 포를 구워 먹으면 되지만 형편에 따라서는 그냥 먹어야 할 때 돼지고기포가 문제를 일으킬 수 있기 때문이다.

포는 생고기를 양념하여 햇볕에 말려 먹는 음식이라는 상식과 단순한 조리법이 돼지고기포를 멀리하게 하는 요인이 된 것 같다. 우리가 이렇게 돼지고기포를 꺼리는 것과는 달리 중국과 동남아시아에서는 다양한 돼지고기 음식을 즐겨 먹기 때문에 자연스럽게 돼지고기포도 발달하였고 지금은 다른 나라 사람들의 입맛까지 사로잡고 있다.

〈정조지〉 포석편의 포를 복원하면서 꺼림칙한 돼지고기포에 대해서 새롭게 인식하는 계기가 되었다.

돼지고기를 먼저 삶아 익히고 나중에 햇볕에 말린다는 〈정조지〉 포석편의 포 조리법이 찜찜해서 포를 만들 엄두도 내지 못했던 돼지고기에 새 생명을 불어 넣었다.

한국 사람들이 좋아하는 대표 양념인 고추장과 간장을 기본으로 포석편에서 자주 사용하는 산초와 귤피, 시라 등의 향신료를 이용해서 만든 돼지고기포는 먼저 익힌 다음 말리기 때문에 안전하게 먹을 수 있다.

고추장 돼지고기포는 홀로 독주하려는 고추장의 강한 맛을 귤피와 시라가 끌어내린 다음 식초가 상큼 발랄함을 더해 주어 전체적으로 신선한 맛을 주었다.

간장 돼지고기포는 산초, 간장에 생강, 박하, 후추를 넣고 아직은 낯선 마근은 잔향이 느껴질 정도로 조금 넣어 포를 만들어 시원하면서도 청량한 맛이 일품이다.

고추장 돼지고기 육포

● 재료

돼지고기 항정살 600g
고추장 25g
진간장 10mL
소금 4g
설탕 10g
귤피 15g
시라 5g
술 30mL
식초 20mL

● 만들기

1 돼지고기 항정살을 0.5cm 두께로 썬다.

2 돼지고기 항정살을 양념이 잘 배도록 칼로 살살 두드린다.

3 돼지고기 항정살에 술, 식초, 소금, 간장을 넣어 절인다.

4 간장을 넣어 절인 돼지고기 항정살에 고추장과 설탕, 귤피, 시라를
  더한다.

5 양념된 돼지고기 항정살을 팬에 살짝 굽는다.

6 구운 돼지고기 항정살을 햇볕에 말린다.

7 말린 돼지고기 항정살에 참기름을 더해서 구워 먹는다.

간장 돼지고기 육포

● **재료**

돼지고기 안심 600g
간장 50mL
집간장 8mL
후춧가루 2g
생강 25g
마근 3g
산초가루 3g
꿀 10g
설탕 10g
식초 15mL
청하 10mL
박하잎 4장

● **만들기**

1 돼지고기 안심을 0.5cm 두께로 썬다.

2 돼지고기 안심을 양념이 잘 배도록 칼로 살살 두드린다.

3 간장, 집간장, 후춧가루, 생강, 산초, 꿀, 설탕, 마근, 식초, 박하잎, 청하를 잘 섞는다.

4 돼지고기 안심에 잘 섞인 양념을 넣고 주물거려서 한 시간 정도 숙성시킨다.

5 숙성시킨 돼지고기 안심을 냄비에 양념물과 함께 넣고 졸인다.

6 졸인 돼지고기를 햇볕에 널어 말린다.

말고기포

뿌리칠 수 없는 유혹의 맛

● **재료**

말고기 1200g
소금 24g
귤피 60g
산초 10g

● **만들기**

1 말고기 600g을 0.7cm 두께로 썬다.

2 말고기 600g을 거칠고 굵게 다진다.

3 다진 말고기에 소금, 귤피, 산초를 넣고 손으로 잘 치대준다.

4 말고기를 길고 둥근 모양으로 만든다.

5 말고기포를 채반에 널어 햇볕에 말린다.

우리나라에서는 고려 시대에 제주도에 말 목장이 생기면서 말고기를 본격적으로 먹기 시작했다. 특히 말고기포(마포)는 맛이 좋아 진상품으로 거두어들이다가 군마가 줄어 들면서 조선시대에는 식용을 금하게 된다. 세종 때에는 마포 먹는 것을 금지하였으나 지켜지지 않았다.

제주에서 올라온 말고기는 신선한 붉은빛에 차지고 쫀득거린다. 어떤 고기보다도 매력적이고 훌륭하다. 왜 마포에 열광했는지 알 수 있을 것 같다. 말고기는 아주 고운 황토를 만지는 것처럼 매끄럽고 부드럽다. 지방이 적지만 퍼걱거리지 않아 포로 만들기 좋다.

말고기가 좀 질기다 하여 저며서 포를 뜬 것과 거칠게 다져서 덩어리를 뭉친 것 두 가지로 만들어 질긴 정도를 보기로 한다. 제주의 바람과 귤 향을 담고자 귤피와 산초, 그리고 소금으로만 양념하였다.

완성된 마포에서 향긋한 향이 퍼져 나온다. 말리면 고운 색이 무게감 있는 적자색으로 변해 말의 모습처럼 당당하다. 한가지 흠이 있다면 조금 질기다는 것이다. 다음에는 제주산 참다래를 좀 넣어보아야겠다.

Tip
쇠비름은 열을 내리는 찬 성분이 있으므로
몸이 냉한 사람은 많이 먹지 않는다.

엉겅퀴, 송피, 쇠비름을 활용한 소고기포

뛰어난 약성이 돋보이는

● 재료

소고기 400g
엉겅퀴 발효액 22mL
송피 발효액 20mL
쇠비름 발효액 20mL
소금 11g

● 만들기

1 소고기를 0.5cm 두께로 포를 뜬다.
2 포를 뜬 소고기를 소금으로 간해서 2시간 정도 실온에 둔다.
3 소금에 간한 소고기에서 나온 핏물을 면보로 제거한다.
4 고슬고슬해진 소고기에 엉겅퀴 발효액을 넣고 잘 배도록 뒤적여 준다.
5 소고기를 채반에 담아 햇볕에 말리거나 건조기에 말린다.
6 소고기가 꾸덕해지면 다시 엉겅퀴 발효액을 발라 준다.
7 소고기를 말리는 과정과 발효액을 바르는 과정을 두세 차례 반복한다.
8 엉겅퀴 소고기포가 마르면 냉장고에 넣어 보관했다가 살짝 구워 먹는다.

＊ 송피포, 쇠비름포도 엉겅퀴포와 같은 방법으로 만든다.

우리가 상식하는 채소는 물론이고 잘 먹지 않는 식물에도 사람의 몸을 이롭게 하는 성분들이 많다. 그 중에서도 엉겅퀴와 송피, 쇠비름은 뛰어난 약리 작용으로 치료효과가 뛰어나 풀이 아닌 '자연이 준 천연 약'으로 유명세를 타고 있다. 엉겅퀴는 간에 좋은 실리마린, 송피는 혈관정화에 탁월한 효과를 보이는 피크노제놀이라는 이름으로 판매되고 있고 쇠비름은 마치현이라는 이름으로 보습과 항염, 항알레르기 작용이 필요한 화장품과 연고에 사용된다.

엉겅퀴와 송피, 쇠비름을 약의 형태로 섭취하는 것도 좋지만 우리가 즐겨 먹는 음식에 담아 보았다. 특히 오래 두고 먹을 수 있는 포가 이 삼총사를 활용하기에 좋을 것 같다.

발효액은 최소한의 설탕에 젓갈과 간장, 소금, 술을 넣어 달지 않아서 육포 뿐만 아니라 달지 않아야 하는 다른 요리에도 적합하다.

만드는 방법은 소금과 발효액을 넣기만 하면 된다.

송피는 솔향과 조금 떱떠름한 맛이 나고 엉겅퀴는 향긋한 향이 좋다. 쇠비름은 뭐라고 말할 수 없는 묘한 맛이 나 낯설다. 포로 만들면 엉겅퀴포에서는 별다른 맛과 향이 나지 않고 송피포에서는 솔향을 풍기는 것이 나쁘지 않다. 쇠비름포에서는 먹고 싶은 향이 나지 않아 참기름을 살짝 발라 구웠더니 먹을 만하다.

206

생강포

친근하고 익숙하고 그래서 편안한

● 재료

소고기(홍두깨살) 1kg
생강액 25g
천일염 6g
간장 50g
조선간장 3g
액젓 2g
배즙 20g
청하 20g
맛술 20mL
꿀 5mL
생강채 15g

● 만들기

1 소고기의 핏물을 면보로 꼭꼭 눌러 가면서 빼준다.

2 재료의 양념을 모두 섞어 고기와 잘 섞이도록 버무려 준다.

3 채반에 고기가 접히지 않도록 잘 편다.

4 자주 뒤집어 가면서 말린다.

5 반건조되면 포를 켜켜이 쌓아 면보로 덮고 무거운 돌로 2~3시간 눌러 포의 모양을 바로 잡고 생강채가 떨어지지 않도록 한다.

6 눌린 포는 하루를 더 말려서 완성한다.

7 완성된 포는 냉장고에 넣어 두고 먹는다.

〈정조지〉 포석편에 나와 있는 31가지 포 중 우리 입맛에 가장 익숙한 포는 소고기로 만드는 장포법이다. 장포법은 소고기에 참기름, 간장, 후추, 생강, 깨소금으로 양념을 하여 볕에 말리는 포다. 현재 우리의 전통포는 대부분 장포법을 기본으로 하여 양념에 약간의 변화를 주었을 뿐이다. 장포법과 우리가 만들고 있는 전통포의 차이점은 마늘과 생강 사용의 유무에 있다.

장포법에서는 마늘 대신 생강이 사용되고 현대에 만들어지고 있는 전통포는 생강이 빠지고 그 자리를 마늘이 채웠다. 3년 전 장포법의 조리법을 처음 본 순간 마늘의 부재를 인정하기가 어려웠지만 장포법의 상큼 발랄한 맛에 반했다.

마늘은 음식에 진하고 깊은 풍미를 더해주는 양념이지만 느끼함과 누린맛을 주는 양념이기도 하다. 고기는 무거운 음식이다. 특히 말려서 응축된 포는 더욱 그렇다. 포에 마늘을 넣으면 말리는 과정에서 고기와 마늘이 섞이면서 불편한 냄새를 만든다. 반면 생강은 상쾌함과 따뜻한 매운맛을 동시에 가지고 있어 육포의 무거운 맛에 날개를 달아 주는 역할을 한다.

생강포는 생강의 상쾌한 향을 살리기 위해서 참기름과 깨소금을 넣지 않고 간장의 양을 줄이고 소금을 넣은 것이 특징이다. 서유구 선생의 장포보다 더 나은 생강포가 만들어졌다.

선생의 '좀 더 나아지고 개선되어야 한다'는 간절한 염원을 생강포에 담아 보았다.

산초포

결코 잊어서는 안되는 우리의 맛

● 재료

소고기 홍두깨살 600g
산초발효액 15g
산초기름 5g
소금 4g
배즙 10g

● 만들기

1 소고기를 1cm 두께로 포를 뜬 다음 면보를 꼭꼭 눌러 가면서
   핏물을 제거한다.

2 핏물을 제거한 소고기에 배즙을 넣어 부드럽게 치대준 다음 10분간
   방치한다.

3 소고기에 산초발효액과 산초기름, 소금을 넣고 양념을 골고루
   섞는다.

4 소고기포를 채반에 넣어 말릴 때는 소고기포가 접히지 않도록
   주의하며 넣어준다.

5 채반에 넌 소고기포를 자주 뒤집어 주면서 말린다.

6 소고기포가 반쯤 마르면 가위로 먹기 좋게 자른다.

7 자른 산초포는 10시간 정도 더 말려 수분을 제거한다.

산초발효액

● 재료

산초미숙과 1kg
담금용 소주 1.5L
간장 1.5L
설탕 300g
가자미액젓 30mL

● 만들기

1 산초미숙과는 식초에 담가서 깨끗이 씻어 물을 뺀다.

2 산초미숙과를 유리병에 담고 소주, 간장, 설탕, 가자미액젓을 넣어
   어두운 곳에 두고 보관한다.

3 산초숙성액은 두 달이면 먹을 수 있다.

〈정조지〉 포석편의 31가지 포 중 산초와 천초는 7개의 포에서 양념으로 사용되었다. 산초와 천초는 많이 쓰이던 우리의 전통양념이었으나 근래에는 그 사용이 극히 제한적이다. 다행스럽게 산초와 천초의 다양한 효능이 주목을 받으면서 산초와 천초 수요가 꾸준히 늘고 있다. 천초와 소금이 사용된 배포법을 기본으로 하여 산초의 향과 효능을 살린 포를 만들었다. 몸에 좋은 산초발효액과 산초기름을 듬뿍 넣고 싶었으나 산초향에 대한 거부감에 따른 부담으로 향긋할 정도로만 넣었다.

말리는 과정에서 산초의 향이 차츰 줄어 조금 더 넣어도 되지 않았을까 하는 생각이 들었다. 조심스러운 마음으로 만든 산초포는 거부감은 커녕 산초를 더 넣어 포를 만들면 더 맛있겠다는 보수적인 입맛을 가진 시식단의 긍정적인 평가를 받았다.

서유구 선생이 살아 계신다면 이 멋진 산초포를 맛보시고 뭐라고 하실지 궁금하다. 청출어람이라고 하시겠지.

Tip
산초미숙과는 산초열매가 익기 전인 8월과 9월에 수확한 숙성되지 않은 열매로 장아찌에 적합하다. 산초발효액을 만들고 난 산초열매는 식초와 설탕을 더해 장아찌를 만들거나 고기와 생선요리에 활용하거나 장식으로 사용해도 좋다.

〈정조지〉에서 즐겨 사용한 양념을
현대 포에 활용하는 방법

⌣

식초와 육포

　〈정조지〉육포에 사용된 다양한 양념 중에서 가장 주목해서 보아야 할 양념이 식초다. 식초는 고기를 염지하거나 전처리 과정에서 소금, 술과 함께 많이 쓰인다. 식초는 고기의 연육 작용을 돕고 고기 특유의 냄새를 제거하고 포의 맛을 탁하게 하는 핏물을 효과적으로 빼주는 역할을 한다.

포는 말려서 그냥 먹을 수도 있기 때문에 기생충이 염려되는데 이때 식초를 전처리나 염지에 사용하면 식초가 고기 속의 기생충을 사멸시킨다. 식초 냄새 때문에 식초의 사용을 꺼리는 사람이 있는데 식초는 말리는 과정에서 대부분 기화를 하기 때문에 완성된 포에서는 식초 냄새가 거의 나지 않는다.

식초는 뛰어난 방부작용으로 포를 말리는 과정에서 고기가 상하는 것을 막아주어 냄새 없이 포를 말릴 수 있다. 우리나라는 육류에 식초를 잘 사용하지 않지만 유럽이나 중동지역에서는 고기 양념에 거의 식초가 들어간다. 식초는 쓴맛, 단맛, 짠맛, 매운맛의 균형을 맞추어 주는 조정자 역할을 한다. 식초는 고기 뿐만 아니라 다른 채소나 생선을 조리할 때 음식의 맛을 한층 올려 주는 역할을 하여 '부엌의 감초' 라고 할 수 있다.

술과 육포

　〈정조지〉육포에 식초와 더불어 양념으로 가장 많이 사용된 것이 술이다. 포를 만들 때 보통은 술을 양념에 섞어서 소량 사용하는 데 그치지만 〈정조지〉에서는 술의 양이 과하다 할 정도로 많이 사용한다. 특히 주어포는 잉어의 흙냄새를 없애기 위해서인지 잉어가 잠길 정도의 많은 양의 술을 사용한다. 다양한 술을 집에서 만들어 먹던 시절에는 포에 잘 어울리는 술을 사용하였을 것으로 추측되지만 아쉽게도 어떤 술인지는 알 수가 없다.

술은 식초와 더불어 고기를 연하게 하고 냄새를 없애 주며 향기를 더해 포의 맛을 좋게 한다. 포를 만들기 전에 충분한 양을 부어 전처리를 하면 핏물이 잘 제거되어서 맛있는 포가 만들어진다. 전통주가 마시는 술에 국한하지 않고 양념으로 이용할 수 있는 조리용 술로 개발되어 포와 같은 고기 조리법에 이용되면 더욱 맛있는 전통포를 만드는 데 큰 역할을 하리라 생각한다.

진피와 육포

　〈정조지〉의 다양한 포 양념에는 진피가 많이 사용되고 있다. 진피는 귤의 껍질을 말린 것으로 청혈작용이 뛰어나 약재로 사용된다. 옛날에는 귤이 아주 귀했기 때문에 진피가 들어가는 음식은 고급 음식이었다.

껍질 특유의 농축된 진한 향을 담고 있는 진피는 식초를 넣은 포에 특히 잘 어울리는데 상쾌한 향이 자연스러운 다리 역할을 해 주어 포맛에 통일감을 준다. 옛날에는 진피가 귀해서 음식에 넣기 어려웠다면 지금은 진피를 음식에 넣는 조리법이 사라져 버려서 음식에 활용되지 않음이 아쉽다. 만약, 우리의 음식역사가 축소되거나 단절되지 않았다면 비만세포를 억제하고 항암효과가 뛰어난 진피가 필수양념으로 자리잡았을 것 같다.

시라와 육포

시라는 회향처럼 미나리과의 향신료로 서양에서는 시라의 잎을 생선의 비린내나 고기의 냄새를 제거하는 데 즐겨 사용한다. 〈정조지〉의 포에서는 잎이 아닌 열매가 사용된 것으로 생각한다. 산초나 천초, 회향, 마근의 향이 강하다고 생각되면 향긋하고 은은한 향의 시라의 사용을 권한다. 시라는 진정작용이 뛰어나 역동적인 포와 잘 어울린다. 포에 시라를 하나 더 넣은 것만으로도 좀 더 많은 사람의 입맛을 충족시켜 주는 고급스러움을 갖춘 포가 만들어진다.

두시(된장)와 육포

〈정조지〉 육포 중 가장 고난도의 포라고 할 수 있는 오미포는 육수를 넣은 두시(된장)에 고기를 넣어 발효시킨 다음 말려서 포를 만드는 조리법으로 장포법의 일종이라고 볼 수 있다. 고기는 된장 속에서 숙성하는 과정에서 부드러워지고 된장의 맛있는 맛과 간이 배어서 간장이나 소금으로 양념하는 포와는 차원이 다른 맛의 포가 만들어진다.

제 4 장

현대의 포 2

포 응용하기

제3장에서는 〈정조지〉를 기반으로 다양한 고기와 조리법으로 포를 만들었다. 제 4장에서는 현대인이 좋아하고 즐겨 먹는 다양한 음식에 포를 넣어 익숙함 속에서 포의 깊은 맛을 느끼도록 하였다.

포가 술과 어울리는 간단하면서 괜찮은 안줏거리나 음식을 조리할 수 없는 상황에 서 먹는 영양간편식 만이 아니라는 것을 포를 활용한 다양한 음식에서 발견할 수 있을 것이다.

포를 가루 내거나 잘게 조각내어 음식에 넣는 것은 시간과 노력을 절약하면서 음식 의 맛을 가장 효과적으로 올리는 좋은 방법이다. 우리는 멸치, 다시마, 북어, 새우 등의 '어포'로 국물을 내거나 마른 찬을 만드는 데 활용하는 정도인데 어포가 가진 근본적인 한계 때문이다.

이 장에서는 활용범위가 넓은 육포를 중심으로 레시피를 구성하였다. 된장, 고추장 등 전통 장류와 젊은이들이 즐겨 먹는 떡볶이, 김밥, 도시락 등에 적극적으로 포를 활용하였고 빵, 샌드위치 등 세계인들이 즐겨 먹는 음식에 포를 재해석하여 넣었 다. 포를 활용한 음식이 무궁무진하여 이 장에 다 싣지는 못하였다. 앞으로 포를 활용한 음식들이 개발되어 한식의 맛을 격상시켜 세계인의 입맛에도 잘 맞는 우리 음식이 되기를 바란다.

Tip
잘 숙성된 포 김치로 김치찌개를 끓이면 아주 맛이 좋다.

포 김치

오래된 두 음식이 빚어낸 환상의 맛

● **재료**

김치 2포기
무 1/2개
미나리 1/2단
쪽파 1/2단
골패 만하게 자른 육포 150g
육포가루 50g
오징어채 150g
새우포 50g
청어포 150g
굵은 고춧가루 65g
고운 고춧가루 25g
찹쌀풀 1/2컵
까나리액젓 50mL
마늘 12개
작은 생강 1개
배즙 50mL
양파즙 50mL
매실즙 30mL
통깨 20g

● **만들기**

1 절인 배추는 씻어서 물을 뺀다.
2 찹쌀풀에 고춧가루, 젓갈, 매실즙, 배즙, 양파즙, 마늘, 생강, 육포가루를 넣고 고춧가루를 불린다.
3 무는 채 치고, 미나리와 쪽파는 5cm 길이로 썰어 고운 고춧가루, 마늘, 생강을 넣고 버무려 둔다.
4 오징어채는 물에 불려 둔다.
5 물에 불린 오징어채, 육포, 청어포, 새우포에 찹쌀풀, 까나리액젓을 넣는다.
6 3과 5를 합한 뒤 통깨를 넣는다.
7 물을 뺀 배추의 밑동을 정리한다.
8 배추에 2의 양념을 골고루 발라 준다.
9 양념을 바른 배추 속 켜켜이 6을 속으로 박아 김치통에 넣는다.
10 일주일 정도 숙성하여 먹는다.

김치도 포만큼 오래된 음식이며 그 시작은 소박한 채소절임에서 비롯되었다. 인류 역사상 가장 오래된 음식인 포를 우리의 김치와 같이 담가 보았다. 포를 김치에 넣은 기록은 없지만 지방에 따라서 생고기나 볶은 고기, 생선을 넣고 김치를 담갔다. 김치가 숙성되면 김치 속의 고기를 찢어 밥과 같이 먹으면 매콤하면서 짭짤한 맛이 별미였다. 이로 미루어 포를 넣은 김치도 당연히 존재했을 것 같아 찾고자 노력했으나 아쉽게도 문헌에서는 찾지 못했다. 김지 양념에 간하지 않은 육포와 어포, 새우포, 오징어포 등을 넣었는데 형편에 맞게 넣으면 된다.

아삭한 배추와 쫄깃한 포가 기가 막힌 조화를 이룬다. 포가 짠맛을 흡수해서 김치는 짜지 않고 시원하다. 포와 김치의 어우러짐이 헤어졌던 형제가 다시 만나 기뻐서 얼싸안은 것 같다. 뜨거운 김치는 포근하게 포를 감싸고 마른 가슴의 포는 잠시 숨겼던 맛을 내어준다.

Tip
멥쌀에 찹쌀을 섞으면 풍미도 더해지고 소화를 돕는다.

포 죽

부드러움 속에 담긴 든든함

● **재료**

멥쌀 200g
물 7컵
거친 포 가루 25g
집간장 20mL
소금 4g
참기름 15mL
깨소금 10g
마늘 10g
곱게 다진 파 1수저
김 가루 적당량

● **만들기**

1 멥쌀은 2시간 정도 물에 충분히 불린다.

2 불린 쌀을 체에 밭쳐서 물기를 뺀다.

3 물기가 빠진 쌀을 절구에 넣고 깨소금을 만드는 것처럼 방망이로 찧는데 1/3 정도는 으깨고 1/3은 살짝 으깨고 나머지는 쌀 모양을 살린다.

4 두꺼운 냄비가 뜨거워지면 참기름을 두르고 찧은 쌀을 넣는다.

5 약불에서 찧은 쌀이 눌지 않도록 주의하며 3분간 골고루 볶아 준다.

6 볶던 쌀에 거친 포와 마늘을 더하여 약 2분 정도 더 볶아 준다.

7 볶은 쌀에 용량의 물을 넣고 끓여 준다.

8 죽이 끓으면 간장으로 간을 맞춘 후 파를 넣고 불을 끄고 죽이 퍼지도록 약 2~3분간 둔다.

9 기호에 따라 참기름을 더하고 잘 섞는다.

10 죽 위에 김 가루, 파, 깨소금을 올린다.

죽은 식사 대용으로 먹기도 하지만 환자나 소화기가 약한 사람과 아기의 이유식으로 꾸준한 사랑을 받고 있다. 쌀을 주재료로 채소나 고기, 굴, 전복 등을 더하여 맛과 영양을 갖춘 다양한 죽이 있지만 고기가 들어간 죽이 가장 든든하고 맛도 좋으면서 만들기도 만만하다.

보통은 고기를 곱게 다져서 채소 등의 다른 부재료와 함께 죽에 넣지만 포죽은 거칠게 간 포를 넣기 때문에 영양과 맛은 물론 만들기도 쉽다. 죽의 용도에 따라 포의 거친 정도를 다르게 하거나 가위로 썰어서 넣으면 쫄깃하게 씹히는 식감이 좋은 죽이 된다. 특히, 이 포죽은 쌀을 찧어서 끓이기 때문에 쌀이 겉돌지 않고 서로 잘 엉겨서 부드럽고 고소하다.

생고기를 두드리거나 다져서 끓이는 고기죽은 고기가 씹히는 맛이 없어 밋밋한 느낌을 주거나 생고기 특유의 냄새가 나기도 하지만 포로 만든 죽은 담백하면서도 깔끔하다.

Tip
된장에 육포가루, 멸치가루, 표고버섯가루, 고춧가루를
골고루 섞어 냉장고에 보관한다.

포 된장찌개

어머니의 마음처럼 진한

● **찌개용 된장 재료**

된장 500g
육포가루 50g
멸치가루 50g
표고버섯가루 25g
고춧가루 15g

● **만들기**

1 물 300mL 에 냉장고에 보관된 찌개용 된장 2큰술을 잘 푼 다음 무를 넣고 중약불에서 끓인다.
2 호박, 두부를 넣고 익으면 파를 넣고 불을 끈다.

● **육포가루 만들기**

1 소고기를 얇게 썰어 가능한 한 짧은 시간 내에 바싹 말린다.
2 분쇄기에 말린 소고기를 반절만 넣어 곱게 갈아 둔다.
3 분쇄기에 나머지 소고기를 넣어 거칠게 갈아 둔다.
4 곱고 거칠게 간 고기를 합한다.
5 밀봉하여 냉동보관한다.

잘 끓인 된장찌개 하나가 열 가지 반찬보다 낫다. 입맛이 없거나 찬이 마땅치 않을 때 된장찌개를 가장 만만하게 선택하지만 된장찌개 맛있게 끓이기가 은근히 어렵다.

맛있게 된장찌개를 끓이려면 멸치, 버섯, 다시마, 마늘, 호박 등등 냉장고 문을 여러 번 열고 닫고 하는 등 된장찌개 하나를 끓이다가 지쳐 버린다. 된장찌개 국물에는 다시마, 멸치, 꽃게, 바지락 등이 다양하게 이용되지만 고기가 들어간 된장찌개가 진하고 깊은 풍부한 맛을 낸다. 소고기가 들어간 것보다 더 맛있는 된장찌개를 만드는 방법은 다양한 육포가루를 미리 만들어 두고서 활용하는 방법이다.

소고기를 얇게 썰어 말려 분쇄한 육포가루와 멸치가루, 표고버섯가루, 찐 마늘을 된장에 미리 버무려서 냉장고에 넣어 두면 맛있는 된장찌개를 언제 어디서나 자신 있게 그리고 빠르게 끓일 수 있다. 이 된장은 참기름 등의 양념을 더하여 쌈장으로 먹어도 좋다.

Tip
반죽이 되면 끓인 물을 옆에 두고 조금씩 추가한다.

육포 김밥, 육포 떡볶이 그리고 포 부침개

누구나 좋아하는 분식 삼총사

육포 김밥

● **재료**

밥 2공기
김 8장
육포가루 30g
참기름 25mL
소금 6g
시금치나물 100g
길이로 썬 단무지 8개
당근볶음 100g
길이로 썬 계란말이 8개
식초 15mL
깨소금 10g

● **만들기**

1 밥에 참기름과 소금, 깨소금, 육포가루를 넣어 잘 비벼 둔다.

2 김을 김발 위에 놓고 양념한 밥을 잘 편 다음 시금치나물,
계란말이, 당근볶음을 넣고 말아 준다.

3 참기름을 기름솔에 발라 말아진 김밥을 돌려 가면서 골고루 발라
준다.

4 팬을 조금 뜨겁게 달군 다음 참기름을 바른 김밥을 골고루 돌려
가면서 굽는다.

5 김밥이 식으면 칼에 식초를 바른 다음 취향에 맞는 두께로 자른다.

육포 떡볶이

● **재료**

육포 떡볶이 떡 500g
고추장 120g
물 450mL
고춧가루(선택)
파 1/2뿌리
마늘 5개
참기름 7mL
육포가루 1수저
참깨 조금

● **만들기**

1 물에 고추장을 풀고 육포떡볶이 떡을 넣고 중불에서 끓인다.

2 고추장 물이 끓으면 약불로 줄인 후 파와 마늘을 넣고 졸인다.

3 고추장 양념물이 자작할 정도로 졸여지면 불을 끄고 참기름을
두른다.

4 접시에 담고 참깨와 육포가루를 조금 뿌린다.

육포떡볶이 떡

● **재료**

멥쌀가루 500g
소금 7g
육포가루 50g
끓인 물 20mL

● **만들기**

1 찜 솥에 물을 적신 보자기를 깔고 물을 끓인다.

2 찜 솥에 김이 완전히 오르면 소금이 들어간 멥쌀가루를 올리고 찐다.

3 쪄진 멥쌀을 절구에 넣고 육포가루를 뿌리면서 골고루 섞이도록
　방망이로 친다.

4 육포가루가 들어간 떡 덩어리를 적당량 떼어서 도마에 올려 놓고
　둥글리면서 가래떡 모양으로 만든다.

5 가래떡을 원하는 길이로 썬다.

포 부침개

● **재료**

밀가루 120g
거칠게 다진 소고기육포 130g
새우가루 20g
오징어채 100g
황태채 100g
쪽파 1/2단
부추 1/2단
청고추 3개
홍고추 3개
계란 2개
설탕 5g
간장 25g
참기름 7g
소금 10g
다진마늘 조금

● **만들기**

1 잘 마른 육포는 거칠게 갈고 마른 새우는 곱게 갈아 둔다.

2 오징어채와 황태채는 물에 담가 부드럽게 불린 다음 3cm 크기로
　잘라 참기름과 마늘, 간장을 조금 넣고 무쳐 둔다.

3 물기가 묻은 쪽파, 부추는 먹기 좋은 크기로 썰어 소금으로 살짝
　간하고 청.홍고추도 배를 갈라서 씨를 털고 가늘게 썰어 둔다.

4 쪽파와 부추에서 물기가 나오면 계란을 2개 넣고 잘 섞어 준다.

5 4에 밀가루를 넣고 살살 섞은 다음 거칠게 다진 소고기육포와
　새우가루, 양념된 오징어채와 황태채를 넣고 뒤적이며 잘 섞어준다.

6 팬에 기름을 한 수저 두르고 중불에서 기름을 달군다.

7 밀가루가 적게 들어가 밀착력이 떨어지므로 주의해야 하며 반죽을
　얇게 펴서 한 면이 노릇하게 익을 때까지 뒤집지 않는다.

8 뒤집게로 뒤집어서 다른 한 면도 노릇해 질 때까지 골고루 익힌다.

9 불을 약간 올려 처음 익혔던 면에 노릇함과 바삭함을 더한다.

10 나머지 면도 뒤집어서 수분을 제거하여 바삭함을 준다.

현대인들이 간편식으로 먹는 대표적인 음식인 김밥과 떡볶이 그리고 부침개에 포의 맛과 영양을 넣었다. 음식의 맛도 맛이지만 육포는 영양의 균형을 잡아주는 데 활용도가 높다.

청소년들이 즐겨 먹는 떡볶이는 거의 탄수화물로만 이루어져 영양학적인 불균형을 줄이기 위해 떡을 만들 때 아예 거친 단백질가루라 할 수 있는 육포가루를 넣었다. 여기에 간장을 조금 넣고 참기름을 바르면 그냥 먹어도 맛있는 육포떡이 완성된다.

육포떡이 만들어지면 나머지 조리법은 떡볶이를 만드는 것과 같다. 떡이 살짝 짭조롬하여 고추장을 덜 넣고 별다른 양념을 하지 않아도 맛있는 떡볶이가 완성된다.

육포가루가 들어가자 세 발 달린 의자처럼 불안정하던 떡볶이가 안정되어 보인다.

육포김밥은 밥에 육포가루를 넣고 식초와 깨소금을 넣어 김밥을 말았다. 보통 깨소금은 김밥의 색을 탁하게 보이게 하기 때문에 잘 넣지 않지만 육포가루와 같이 넣으면 훨씬 더 고소한 맛이 난다. 특히, 식초는 느끼할 수도 있는 김밥의 고소한 맛에 상큼함을 줘서 김밥이 물리지 않도록 하며 변질도 막아 주는 고마운 역할을 한다.

물론 불고기김밥이나 새우김밥 등이 있지만 밥 자체에 고기 양념이 된 김밥은 간편하게 만들 수 있어 좋다. 육포가루를 밥에 넉넉히 뿌리면 별다른 김밥 속을 넣지 않아도 맛이 있다. 주먹밥에 육포가루를 넣으면 맛과 영양 뿐만 아니라 사랑까지 담뿍 담긴 주먹밥이 된다.

부침개는 남녀노소가 좋아하고 즐겨 먹지만 지방과 탄수화물이 넘치고 단백질은 부족한 것이 문제다. 부침개 반죽에 쪽파, 부추 등의 채소, 마른 오징어채와 잘게 찢은 황태채 그리고 거친 육포가루를 넣어 씹는 맛과 영양을 넣어 주었다. 포 부침개는 물을 넣지 않고 채소에 남아 있는 물기와 계란물로 반죽해야 꼬득꼬득한 포의 맛을 잘 살릴 수 있다. 오징어채와 황태채는 물에 불렸다가 양념하는 것을 잊지 말아야 한다.

육포 빵과 육포 샌드위치

간편하지만 영양은 알찬

육 포 빵

● **재료**

밀가루 강력분 300g

이스트 6g

설탕 15g

소금 3.6g

물 200mL

거친 육포가루 100g

말린 방울토마토 100g

바질 5g

넛맥 5g

시라 5g

● **만들기**

1 약 30도의 물 50mL에 이스트를 넣어 녹여 둔다.

2 밀가루를 체로 친다.

3 체친 밀가루에 설탕과 소금을 넣고 고루 섞어 둔다.

4 밀가루에 이스트물을 붓고 나머지 물 150mL도 부어 준다.

5 반죽그릇에 랩을 씌우고 젓가락으로 구멍을 뚫어 준다.

6 30도 정도의 따뜻한 곳에서 2~3시간 1차 발효를 한다.

7 1차 발효가 끝난 반죽에 육포가루, 말린 방울토마토, 바질, 넛맥,
   시라를 넣고 모양을 만든다.

8 다시 1시간 반 정도 따뜻한 곳에 두고 2차 발효를 한다.

9 2차 발효가 끝난 반죽에 육포가루, 말린 방울토마토, 바질, 넛맥,
   시라를 넣고 타원형 모양으로 만든다.

10 185도 정도의 화덕에 넣고 20분간 굽는다.

육 포 샌드위치

● **재료**

양상추 1/4쪽

파프리카 1/2개

오이 1/4개

겨자마요네즈소스 한 수저

버터 한 수저

● **만들기**

1 육포빵을 샌드위치용으로 반 가른다.

2 빵의 한 면에는 겨자마요네즈소스를 다른 쪽 면에는 버터를 바른다.

3 준비한 채소를 빵에 올리고 나머지 빵을 올린다.

밥도 보약이지만 빵도 보약인 시대다. 빵이 간편하긴 하지만 한끼의 식사를 대신하기엔 영양학적으로 부족하다. 샌드위치가 대안이긴 하지만 시간이 지나면 볼품도 맛도 없어져 먹을 수도 버릴 수도 없는 고민에 빠지게 한다.

빵 반죽에 육포가루와 시라, 바질, 넛맥(육두구), 말린 방울토마토를 넣어 맛과 영양을 더하였다. 호두, 땅콩, 호박씨 등의 견과류를 추가하여도 좋다.

육포가 더해진 빵은 견과류나 곡물가루, 유제품을 넣어 영양의 균형을 맞춘 빵들보다 다부진 느낌을 준다. 고기향과 향신료, 토마토향이 잘 어우러진 멋진 빵이 완성되었다.

육포 빵에 소스와 고기, 계란이 들어가지 않은 간단한 샌드위치를 만들었다. 소스와 고기가 뒤엉킨 미묘한 냄새가 없고 빵이 질척해지지 않아서 좋다.

"고기샌드위치를 먹어 볼래요?"

"고기가 없는데요."

"빵에 들어 있어요."

"아! 그래요. 맛있네요. 빵만 먹어도 맛있네요."

건강에 좋은 육포가루를 넣은 빵으로 만든 샌드위치는 햄버거나 샌드위치 안에는 눈에 보이는 단백질 공급원인 계란, 치즈, 고기패티 등이 속재료로 들어가야 한다는 고정관념을 타파한 그래서 즐거운 샌드위치다.

Tip

빵 반죽을 우유팩 또는 일회용 용기에 담아 조리하면
부드럽고 촉촉한 빵이 된다.

Tip
소고기를 토마토와 같이 먹으면 토마토가 위액 분비를 촉진하여
단백질의 체내 흡수율이 높아진다.

포로 차린 성찬

한끼 식사로 멋진 포

● **주재료**

소고기 부채살 600g
간장 30mL
맥주 100mL
멸치액젓 10mL
말린 토마토 2/3컵
후추 5g
소금 5g
설탕 10mL
로즈메리 5g
다진 잣 30g
산초 5g

● **곁들이 음식**

빵, 버터, 과일

● **만들기**

1 소고기 부채살을 1.5cm 두께로 두툼하게 썰어 둔다.

2 면보로 소고기의 핏물을 제거한다.

3 소고기에 맥주를 뿌려서 잠시 주물러 둔다.

4 소고기를 망에 건져 수분을 제거한 후 면보로 꼼꼼하게 핏물을 제거한다.

5 소고기에 간장과 멸치액젓, 소금, 후추, 설탕을 넣고 주물러 둔다.

6 양념된 고기를 채반에 넣고 말린 토마토와 로즈메리, 다진 잣, 산초를 포 위에 얹어 준다.

7 바람이 잘 통하는 음지에서 천천히 건조시킨다.

반건조한 소고기포를 이용하여 한끼의 멋진 성찬을 차려 보았다. 소고기를 간장과 멸치액젓으로 간하고 말린 토마토를 넣어 화사함과 영양을 더하였다. 말린 포를 그냥 먹어도 좋지만 버터를 살짝 발라 불에 굽거나 구운 포에 버터를 더해 먹으면 근사한 맛이 스테이크와 견주어도 손색이 없다. 버터에는 강황과 허브, 고주, 후추를 넣어 포와 빵의 풍미를 풍부하게 하였다. 포가 때와 장소를 가리지 않고 먹는 간편식이라는 개념에서 벗어나 한끼의 멋진 성찬으로 탄생한다. 스테이크는 불에 굽는 과정에서 유해성분이 만들어지지만 자연으로 조리한 포는 안심하고 먹을 수 있다. 즐거운 대화와 유쾌한 웃음소리, 쨍그랑 술잔 부딪히는 소리가 들릴 것 같은 '포 성찬'으로 지친 마음이 위로받기를 기대한다.

육포 고추장이 끓기 시작하면 고추장이 사방에 튀기 때문에
가급적 휴대용 열원을 이용하여 조리하고 주변은 신문지 등으로
깔아 두는 것이 좋다.

육포 고추장

부드럽게 폭발하는 매콤한 고추장과 촉촉한 포의 조화

● 재료

고추장 1kg
소고기 육포 자른 것 200g
꿀 200mL
올리고당 150mL
설탕 80mL
진간장 30mL
집간장 15mL
매실청 20mL
배즙 50mL
양파즙 50mL
다진 마늘 70g
편으로 썬 마늘 70g
청주 70mL
참기름 60mL
잣 100g
산초가루 조금

● 만들기

1 소고기 육포를 바둑알 반 크기로 잘라 둔다.

2 자른 소고기 육포를 달구어진 냄비에 넣고 다진 마늘과 참기름, 청주, 산초가루를 넣고 중불에서 달달 볶아 준다.

3 고추장과 꿀, 올리고당, 설탕, 매실청, 배즙, 양파즙을 넣고 중약불에서 나무 주걱으로 잘 저어 준다.

4 간장과 잣, 편으로 썬 마늘을 넣고 눋지 않도록 볶아 주면서 참기름을 추가해 중약불에서 볶아 준다.

5 고추장이 퍽퍽 끓어오르기 시작하면 약불로 낮추어서 15분간 계속 저으면서 끓여 준다.

한국, 한국인, 한국 음식을 확실하게 구분하여 주는 것은 바로 매운 고추장이다.

만드는 방법은 다르지만 된장이나 간장은 중국, 일본에도 있고 전 세계인이 즐기는 음식이지만 고추장만은 온전히 한국, 한국인의 것이다.

우리의 고추장에 영겁의 세월을 담은 육포를 넣었다. 생고기를 볶아 고추장을 만들 때보다 덜 소란하다. 고추장의 강한 맛을 육포와 꿀이 순화시키는 육포 고추장은 그냥 먹어도 맛있고 비빔밥, 비빔국수, 채소 쌈과 찰떡궁합이다. 육포 고추장은 육포를 먹기 좋은 크기로 잘라서 참기름에 살짝 볶는 것이 약고추장과 다른 점이고 나머지는 약고추장을 만드는 방법과 똑같다.

생고기를 다져서 만든 약고추장은 변질의 우려가 있지만 포를 넣은 육포 고추장은 오래 두고 먹을 수 있다. 고추장 안에서 먹기 좋을 정도로 부드러워진 육포가 빨간 옷을 입고 앙증맞게 앉아서 고추장을 단정하게 마무리해준다. 오래 두고 먹는 육포 고추장을 만드는 비법은 고추장이 끓기 시작한 뒤에도 15분쯤 더 볶아 주는 것이다.

Tip

돼지고기 육포 위에 치즈가루나 볶아서 말린
파와 양파를 뿌려도 좋다.

육포 도시락

바쁜 일상을 사는 현대인에게 딱 좋은

● **재료**

돼지고기 육포 180g
밥 한 공기
파프리카 1/2개
치커리 5줄기
오이 1/2토막
양파 1/4개
느타리 버섯 3~4줄기
참외 장아찌 7~8쪽

● **만들기**

1 도시락에 고슬고슬하게 지어진 밥을 담는다.
2 밥이 식으면 반건조된 돼지고기 육포를 올린다.
3 샐러드와 장아찌를 담는다.

요즘 판매용 도시락의 수요가 늘어나고 있지만 아쉽게도 도시락이 가진 한계를 넘지 못하고 있는 것 같다. 도시락의 찬이 뒤섞여서 나는 냄새는 휴대를 불편하게 하고 식욕을 떨어뜨리고 도시락을 먹는 사람을 위축시킨다. 특히, 반찬은 한결같이 짜고 상하지 않는 반찬으로만 구성되어 있어서 건강까지 위협한다. 돈가스나 햄버거스테이크 도시락 등 단품으로 구성된 도시락이 있기는 하지만 금방 조리해서 먹는 맛을 따라가지 못한다.

육포 도시락은 수분도 없고 여러 가지 반찬이 필요 없으며 차가운 상태에서도 맛이 떨어지지 않아 반찬 중심의 도시락이 가진 여러 문제점을 단숨에 해결해 준다.

육포 도시락의 구성은 부드러우면서 약간은 짭쪼롬한 반건조 육포를 주요 찬으로 하여 밥을 잘 넘길 수 있는 장아찌와 건강에 좋은 샐러드로 하였다. 한 김이 나간 고슬고슬한 밥 위에 육포를 올리고 김치를 대신하는 매실·참외·무 장아찌와 고기의 영양흡수를 도와 주는 채소와 과일을 담는다. 육포에 수분을 뺀 양파와 치즈 등을 뿌리고 샐러드에는 견과류를 더하면 더욱 좋다.

탄수화물과 지방, 단백질, 칼슘 그리고 비타민과 무기질의 5대 영양소를 골고루 갖춘 건강에 좋은 육포 도시락이 탄생하였다.

육포 부추볶음

뚝딱하면 만들지만 맛의 여운은 긴

● **재료**

육포 150g
부추 1/2단
편으로 썬 마늘 20g
참기름 10mL
식용유 7mL
소금 조금
후춧가루 조금

● **조미물 만들기**

물 100mL
맛간장 15mL
청하 15mL
맛술 10mL

● **만들기**

1 육포가 딱딱하면 먹기 좋게 부드러워질 때까지 조미물에 담가 둔다.

2 부드러워진 육포는 부추보다는 두껍고 길이는 5cm 정도 되게 준비한다.

3 달구어진 팬에 식용유를 두르고 편 마늘을 볶는다.

4 마늘이 익으면 육포를 넣고 볶다가 후춧가루를 뿌린다.

5 마늘이 노릇해지면 부추를 넣고 소금을 뿌린다.

6 부추가 숨이 죽을 때까지 볶는다.

7 참기름으로 마무리를 한다.

후다닥 만들었지만 부추와 어우러진 육포의 맛은 일품이었다. 부추 특유의 향과 육포의 졸깃함 그리고 참기름의 고소함은 완벽하게 조화를 이룬다. 밥반찬으로도 좋지만 밥을 곁들여서 같이 먹거나 술안주로 잘 어울린다. 취향에 따라 청양고추를 첨가하거나 육포의 종류에 따라서 생강을 넣으면 상쾌한 육포 부추볶음을 즐길 수 있다. 아삭한 부추 사이로 졸깃한 육포가 씹힐 때의 어울림은 입안에 남는 향긋한 부추향과 더불어 긴 여운을 남긴다.

포 튀김

맛은 물론 먹는 재미가 쏠쏠한

● **재료**

육포(모든 육포 가능) 200g
조미물 150mL
밀가루 100g
멥쌀가루 30g
찹쌀가루 20g
소금 2g
후춧가루 1g
맥주 150mL
얼음 1컵

● **조미물 만들기**

물 100mL
맛간장 15mL
청하 15mL
맛술 10mL
식초 5mL

● **만들기**

1 건조된 육포는 조미물에 20분 정도 담가 부드럽게 불리고 반건조된
   육포는 조미물에 잠깐 불린다.

2 그릇에 밀가루, 멥쌀가루, 찹쌀가루, 소금, 후춧가루를 넣고 맥주를
   부어 살살 섞는다.

3 반죽 그릇을 얼음이 담긴 그릇에 올려 찬 기운을 유지한다.

4 불린 포에 반죽이 잘 묻도록 밀가루를 뿌려 둔다.

5 차가운 반죽에 밀가루가 묻은 포를 담가서 반죽을 입힌다.

6 180도의 식용유에 노릇해지도록 튀긴다.

튀김 음식의 유혹은 뿌리치기가 어렵다. 우리가 즐겨 먹는 오징어튀김은 생오징어가 아니고 마른 오징어를 물에 불려서 만드는데 수분이 적어서 튀김에 적합하고 맛도 생오징어보다 좋다. 냉장고에 보관된 포가 냄새가 나서 먹기도 버리기도 어정쩡한 경우 포 튀김을 만들면 별식으로 좋다. 오징어포, 꿩포, 돼지고기포, 소고기포, 사슴고기포 등 재료에 특별한 제한을 받지 않지만 건새우나 북어는 튀김 재료로 적합하지 않다.

튀김옷에 강황가루나 뽕잎가루를 첨가할 수 있고 탕수육 소스를 뿌리면 포 탕수육이 된다. 당근, 감자, 깻잎, 냉이 등의 채소를 같이 튀겨서 곁들이면 손님 접대 음식으로도 손색이 없다.

Tip

맥주가 없다면 탄산수를 탄산수가 없다면 베이킹파우더를 넣으면 바삭한 튀김옷이 만들어진다.
튀김 반죽에 쌀가루를 넣으면 밀가루의 글루텐 성분이 줄어 튀김이 더욱 바삭해진다.

〈정조지〉에서 배운 맛있는 포 만들기 비결

⌣

〈정조지〉 속의 31가지 포를 복원하면서 터득한 맛있는 포 만드는 비결을 정리하였다. 31가지 포 중에는 건복 4의 '추복'처럼 지금과는 맞지 않는 포도 있지만 우리 선조들의 고급 음식문화를 엿볼 수 있었던 점에서 나름의 의미가 있었다.

한 가지 한 가지씩 포를 복원하는 과정에서 서유구 선생이 직접 가르쳐 주는 것처럼 포의 비법들이 자연스럽게 습득이 되었다. 서유구 선생이 포 조리법에 정확하게 제시하여 준 재료의 모습과 계절, 도구, 날씨, 장소, 보관법 등을 그대로 재현하면서 얻은 포 만드는 비결이기에 더욱 소중하다.

❶ 정성

조리법에 관계없이 맛있는 포를 만드는 최고의 방법은 '정성'이다. 모든 음식을 맛있게 만드는 최고의 비결이 '정성'이기는 하지만 포는 특히 '정성'이 필요하다.

재료를 구하고 손질하고 양념하여 말리는 과정 속에서 조금만 마음을 놓아도 포는 상하거나 오래 두고 먹을 수 없게 된다. 포를 만들 때는 어른의 안색을 살피는 것처럼 포의 상태를 세심하게 육안이나 냄새로 점검하고 문제가 있다면 적절한 조치를 빠르게 취해야 한다.

❷ 재료

포는 가급적 도축한 지 얼마 안되는 재료를 사는 것이 맛있는 포를 만드는 비결 중의 하나다. 포는 조리과정이 비교적 길기 때문에 건조나 발효 과정 중에도 고기가 부패할 수 있다. 일반적으로 고기는 갓 잡은 것보다 일정기간 숙성한 고기가 연해서 맛이 있다고 하지만 육포는 염지하고 말리는 과정에서 숙성을 겸하기 때문에 갓 잡은 고기일수록 포의 완성도가 높다. 포를 만드는 고기는 도축일을 확인하고 구매하고 고기가 준비되면 바로 전처리를 하고 염지하여 포를 만들어야 한다. 정조지에서는 '갓 잡은 고기'나 '열이 있는 고기' 등으로 '신선한 고기' 사용을 강조하였다.

❸ 손질

고기에 기름기나 막이 남아 있다면 깨끗하게 떼어 내는 것이 좋다. 특히, 막과 힘줄은 포의 완성도를 낮추기 때문에 가급적 생고기 때 제거한다. 말리는 중간에 막과 힘줄을 제거하면 완성된 포의 모양이 자연스럽지 않다. 손질된 고기는 핏물을 잘 빼주는 것이 아주 중요하다. 보통은 면보로 고기의 핏물을 닦아내지만 식초나 술을 사용하여 고기의 핏물을 뺀 다음 바구니에 밭쳐 수분을 제거하고 면보를 이용하여 고기의 남은 수분을 꼼꼼하게 제거한다. 바구니로 핏물을 제거하는 과정을 거치지 않으면 여러 장의 면보를 사용해야 하기 때문에 비효율적이다.

면보로 수분을 제거한 고기는 채반에 널어서 잠시 바람을 맞아 고슬고슬해지게 한다. 이런 과정을 거치면 고기가 양념을 잘 먹고 말리는 과정에서 단백질이 부패하면서 나는 건조육 특유의 냄새가 사라진다. 〈정조지〉에서는 '고기의 힘줄과 막을 제거하고', '비계를 깨끗이 제거하고' 등으로 고기 손질을 깔끔하게 할 것을 강조하고 있다. 고기를 식초나 술, 그리고 소금에 절인 후 건져서 핏물을 제거한 다음 향신채와 향신료를 사용하는 조리법을 사용하고 있다.

❹ 염도

맛있는 음식은 간이 잘 맞으면서 다른 양념과 조화를 이루는 음식이다. 포처럼 오래 보관하여 두고 먹는 음식에서는 적절한 염도가 음식의 전부라고 해도 과언이 아니다. 특히, 〈정조지〉에는 대부분 소금을 이용하여 포를 만들기 때문에 염도를 중요하게 다룬다. 〈정조지〉에서는 계절에 따라 소금의 양을 다르게 하였는데 천리포에서는 여름에 소금의 양을 약 35% 늘려서 고기가 염지, 건조, 그리고 먹는 과정에서 상하는 것을 방지하고 있다. 천리포 조리법의 염도가 수많은 시행착오를 거치면서 소금의 양이 정해졌다는 생각이 들어 35%를 기준으로 계절에 따라 소금의 양을 정하면 적정한 염도가 될 것 같다.

❺ 날씨

포는 온도와 습도 그리고 바람에 의해서 완성도가 결정되기 때문에 사전에 날씨를 점검하고 재료를 준비하는 것이 좋다. 건조기를 이용해서 포를 만들 때는 상관이 없지만 햇볕과 바람을 이용해서 포를 만든다면 온도와 습도가 지나치게 높은 날은 피하는 것이 좋다. 겨울철 실내에서 포를 말린다면 창문을 자주 열어서 바람을 쐬어 포의 수분이 빨리 제거되도록 한다.

〈정조지〉에서는 포의 종류나 두께 그리고 염지방법에 따라서 바람이 잘 통하는 곳, 강한 햇볕에 말리기나 음지에 말리기 등으로 날씨를 제시하여 주어 햇볕과 바람, 그리고 습도가 포의 성패에 중요한 역할을 한다는 것을 알려 주고 있다.

❻ 도구

건조기를 이용하지 않고 자연의 향기를 더한 포를 만들고 싶다면 포를 말리는 바구니가 중요하다. 바구니는 다리가 달려 있어야 포의 앞뒤가 고르고 신속하게 마른다. 만약 다리 달린 바구니가 없다면 바구니를 걸쳐서 바닥에 닿지 않도록 한다. 여름철에는 반드시 포를 망에 넣어서 말리는 것이 좋고 비가 와서 실내에서 포를 말리게 된다면 선풍기를 틀어 주면 포가 잘 마른다.

포를 뒤집을 때는 위생장갑을 착용해야 유해균의 번식을 막을 수 있다. 포의 모양이 바르지 못하다면 대자리에 비닐랩을 깐 다음 면보를 깔고 고기를 올린 후 무거운 물건을 올려 두면 모양도 반듯해지고 포가 부드러워진다.

❼ 말리기

포는 말린 음식이므로 말리는 것이 가장 중요하다. 포를 잘 말리기 위해서는 햇볕과 바람을 잘 활용하는 것이 중요하다. 부드러운 포를 좋아한다면 너무 강한 햇볕보다는 오전 10시 경이나 오후 4시 이후의 순한 볕으로 말린 다음 바람이 잘 통하는 음지에서 말리는 것이 좋다. 좀 질겨서 씹는 맛이 있는 포는 바람이 잘 통하는 햇볕에서 말리다가 밤이 되면 방 안으로 옮겨서 따뜻한 곳에 두면 딱딱하고 씹는 맛이 있는 포가 만들어진다. 포는 처음 하루는 3~4시간 마다 뒤집어 주고 다음 날은 6~7시간 마다 뒤집어 준다. 바구니에 포에서 나온 물기가 묻어 있다면 면보로 물기를 제거해 주면 포를 말리는 시간이 단축되고 포의 맛도 좋아진다.

❽ 조리

포가 완성된 다음 포를 먹을 때 고기의 결대로 썰면 고기 특유의 식감을 즐길 수 있고 결의 반대 방향으로 썰면 고기의 부드러운 식감을 느낄 수 있다. 포를 먹기 좋게 나눌 때 가위를 이용하면 깔끔하고 먹음직스럽다. 제대로 만든 포는 굽지 않고 먹어도 대부분은 문제가 없지만 금방 만든 포가 아니라면 참기름을 발라서 살짝 구워 먹는 것이 맛도 좋고 위생적으로도 좋다. 〈정조지〉에서는 기름을 발라서 구워 먹지만 포를 덩어리째 말린 다음 부엌에 걸어 두었다가 고기가 필요할 때 삶아 먹거나 불에 구운 다음 방망이로 두드려서 먹기도 한다. 건복은 물에 담가서 짠물을 뺀 다음 조리하여 먹거나 화복이나 쌈으로 응용하여 먹고 상을 장식하기도 하였다.

❾ 관리

귀한 재료로 만든 포는 잘 만드는 것도 중요하지만 관리를 잘해야 오래 두고 먹을 수 있다. 포는 가급적 건조상태나 염도에 따라 조금의 차이는 있지만 의외로 냉장고 안에서도 잘 상하기 때문에 가급적 냉동실에 보관하는 것이 좋다. 냉동실에 넣을 때는 조금씩 담아서 종이에 싼 다음 비닐랩으로 꼼꼼하게 말아서 위생봉지에 담아 두면 오래도록 맛있는 포를 먹을 수 있다.

〈정조지〉에서는 완성된 포를 종이 봉투에 보관하거나 자기 항아리에 담아 두는데 종이나 자기항아리가 수분 조절기능이 있어 포의 수분을 일정하게 유지하여 벌레가 생기는 것을 방지하기 때문이다.

에필로그

$\smile$

서유구의 포 이야기를 마치며

어제는 억기를 데리고 육의전 골목을 누비며 포를 담을 자기 그릇과 좋은 소금을 샀다. 사흘 전 눈이 한 치 정도 쌓인 날 형 유본과 억기, 돌쇠와 함께 파주의 심학산에서 사냥을 하였다. 이날은 운이 따랐는지 엉성한 나의 활 솜씨에도 정신 나간 노루가 나의 체면을 살려 주었다. 작년 명학산 사냥에서는 하루 종일 화살을 허공에 날리기만 하여 억기의 놀림을 받아 잔뜩 주눅이 들어 있던 터라 노루를 잡은 기쁨은 이루 말할 수가 없었다. 내가 잡은 노루로 직접 포를 만들고 싶은 욕심에 사냥꾼에게 묻고 형수인 빙허각에게도 포 만드는 법을 자세히 물어 기록해 두었다.

바람이 잘 통하는 처마에는 풍어가 걸려 있고 부뚜막에는 양홍간이 숙성되어 간다. 양지바른 곳에서는 내가 만든 노루포가 꾸덕꾸덕 말라 가고 있다. 고양이와 개는 혹시나 하는 마음에 포 앞을 어정거린다. 며칠 전에 잘 말라 가던 치건을 도둑고양이가 갉아 먹어서 얼마나 원통했는지 모른다.

이 참봉집 소가 다리가 부러져 잡는다고 하여 제사에 올릴 포를 만들기 위해 소고기도 열댓 근 부탁해 두었다. 부지런히 움직여야 포 만드는 일을 갈무리할 수 있을 것 같다. 해가 자꾸 짧아지는데 할 일은 태산이고 마음만 분주하다.

포를 복원하는 시간은 영겁의 세월을 거슬러 올라간 것 같았다.

〈정조지〉 속의 포를 만들어 본다는 설레임과 포 재료를 구하기와 장시간 건조하면서 관리하는 어려움이 혼재되어 조선으로 포 만드는 여행을 떠나게 되었고 마음껏 포를 만들어 보았다.

〈정조지〉 제 5권 '고기와 해산물'의 7가지 조리법 중 4번째인 '포석' 편을 가장 먼저 복원한 이유는 이를 바탕으로 단순화된 우리의 포 문화를 제대로 알리고 싶은 마음에서다. 포는 단순히 말려서 먹던 생존의 음식에서 관혼상제와 일상의 식문화를 풍부하게 해주는 우리

모두의 음식이었다. 이런 포가 일부 계층 만이 향유할 수 있는 음식으로 조리법은 한두 가지로 축소되거나 왜곡되었다는 것을 〈정조지〉를 공부하면서 알게 되었고 날로 커지는 포 시장을 보면서 나의 마음은 급해졌다.

포는 다른 음식과는 달리 절이고 말리는 과정이 있어 완성까지 많은 시간과 정성을 들여야 하는 음식이다. 포를 만드는 내내 일기예보를 확인하는 것은 기본이며 온도와 습도에 따라 변화하는 포의 얼굴을 섬세하게 관찰하고 적절하게 보살펴 주어야 한다. 자연에 의지하여 만드는 포는 '포를 만든다' 라기 보다는 '포 농사를 짓는다'라고 표현하는 것이 더 적합할 것 같다.

〈정조지〉의 포를 복원하기 전에는 현대인의 입맛에도 맞지 않고 상식적으로는 도저히 만들어지지 않을 것 같은 포는 몇 개 제외하는 것이 〈정조지〉의 포가 낯설게 느껴지지 않도록 하는 길이라고 생각하였으나 서유구 선생이 전하려는 뜻을 찾고자 '낯설고 기이한 포'까지 보듬어 복원하였다. 사실 포를 복원하면서 포를 망치고 재료를 다시 사고 손질하고 파리떼와 싸우면서 말려야 한다는 심란함 때문에 "하필 이런 복잡한 조리법은 넣어 가지고 후손을 괴롭히시는지 모르겠다"고 구시렁거리기도 하였다. 선생이 이런 나의 고충을 헤아리셨는지 다행스럽게도 실패하지 않고 31가지의 포를 복원할 수 있었다. 이 복원 과정을 통해서 나의 불평은 깨달음으로 그리고 놀라움과 감사함으로 바뀌게 되었고 전통포에 대한 모든 것을 알게 되는 계기가 되었다.

〈정조지〉의 포를 복원하면서 깨우친 포를 만드는 지혜를 모아 현대인에게 도움이 될 만한 포를 만들어 보면서 포가 하나의 완성된 음식으로서뿐만 아니라 다른 음식과 함께 얼마나 멋진 조화를 이루는 확장성이 넓은 음식인지를 알게 되었다.

요즘 젊은 세대들이 시간과 돈을 절약하기 위해서 제대로 된 식사를 하지 못하는데 포가 이들의 몸과 마음을 든든하게 채우는 음식이 되기를 바라는 마음으로 떡볶이, 빵 등 젊은이들이 좋아하는 음식에 담아 보았다. 아울러 지금은 즐겨 먹지 않지만 질적으로 우수한 말고기와 사슴고기, 꿩고기 등이 포로 만들어져 시중에서 만날 날이 오리라는 희망도 갖게 되었다.

〈정조지〉의 포 복원재료를 구하는 것이 가장 큰 난제였지만 여러분들의 도움과 시원이 있어서 가능하였다.

비교적 쉽게 구할 수 있을 것 같은 사슴고기조차 수십 번의 전화 끝에 어렵게 구했다. 냉동육이나 사육장에서 사료를 먹고 자란 사슴고기는 쉽게 구할 수 있지만 산야초를 먹고 자연에서 뛰어 놀며 자란 신선한 사슴고기 만이 〈정조지〉의 사슴고기포를 제대로 복원하는 길이라고 생각했기 때문이다. 특히, 사슴 꼬리를 구하는 일은 너무도 막막하였는데 전국의 사슴농장을 다 뒤진 끝에 창녕에서 자연방목이 돼 산야초를 먹고 자란 사슴의 꼬리를 구할 수 있다는 소식에 만사를 젖히고 달려가 귀한 사슴 꼬리 여섯 개를 보물처럼 모셔 오기도 했다.

노루고기는 제주도에서 수렵이 허용되어 있기는 하지만 육지로 반입이 되지 않는다고 하여 할 수 없이 돼지고기로 둔갑해서 비행기를 타고 왔다. 정성스럽게 손질하여 부위별로 담아 보내 주어서 노루고기포를 잘 복원할 수 있었다.

양고기는 국내산을 구하려고 전국의 양떼 농장에 모두 전화를 하였으나 결국 구할 수 없어 뉴질랜드산을 사용하는 아쉬움 속에서 포를 복원하였다.

이처럼 어렵게 구한 재료로 만든 포를 노리는 고양이와 개를 지키고 극성스러운 파리떼와의 전쟁에 하루도 마음놓을 날이 없었다. 막 채반에 널어 놓은 포를 물어가는 현행범 고양이를 "내 포 내 놓아"라고 소리치며 쫓아가지만 고양이는 별꼴이라는 듯한 표정으로 흘깃 뒤돌아보고서는 유유히 사라진다. 질긴 망을 뚫고 거의 다 완성된 꿩포를 뜯어 먹은 백구는 용서할 수 없을 정도로 괘씸하지만 나의 불찰을 탓하며 다시 재료를 구하여 만들었다.

고기 이외에도 전문가들조차 잘 모르는 사슴포에 들어가는 왕느릅나무 열매인 '무이'를 구해 달라는 부탁에 바쁜 농사일 중에도 산을 뒤져서 나무를 찾고 열매가 익기까지 기다림의 수고를 더한 남원의 농사꾼 한도희 씨, 지금은 전해지지 않아 구경조차 할 수 없는 조편포를 만드는 나무틀을 고재를 이용하여 멋지게 복원해 준 모악산 근처에서 목공방을 하신다는 이름도 모르는 목수, 그리고 배포법의 배롱을 만들기 위해서 무작정 찾아간 나에게 음식 복원에 도움이 되어 기쁘다며 정성껏 만들어 주셨던 신성공업사의 대표님과 직원분들, 미처 찍지 못한 산초꽃 사진을 보내 주신 진안 용담댐 근처에서 산초농원을 수십 년째 운영하시는 '산초나라' 서인원 대표님에게도 이 지면을 빌려 깊은 감사의 인사를 드린다.

사진작가인 곽풍영 작가와 권은경 작가는 서유구 선생이 생전에 다 풀어 놓지 못한 긴 여정의 한 단락을 사진에 담았다. 포가 자연이 낸 음식이라는 본질을 담기 위해서 야외촬영이 많았지만 수고와 정성 그리고 노력을 백분 경주하였고 촬영현장에서 발생하는 예측 불허의 일들도 두 작가의 기지와 순발력으로 해결할 수 있었다. 두 작가에게도 이 자리를 빌려 감사하다는 말을 전한다.

"서유구선생이 《임원경제지》의 〈정조지〉를 쓰지 않으셨다면 선조들의 기발하고 놀라운 조리법들이 전해지지 않고 완전히 사라졌을 것이라고 생각하면 아찔해요. 식재나 도구, 양념을 구하는 것이 지금도 이렇게 힘든데 앞으로는 우리의 기억 속에서 사라져가니 더 어렵겠지요. 서유구 선생이 끈을 이어 주고 계시는 것 같아 참 다행스러워요."

그렇다. 선생은 사랑하는 사람들을 연이어 잃는 고통과 18년 동안 방폐생활의 외로움 속에서도 어리석은 후손들이 우리의 것을 잃고 찾아 헤매는 '허물' 같은 날이 올 것을 알고 치열하게 책을 쓰셨던 것 같다. 우리의 〈정조지〉가 있어 복원되고 이렇게 책으로 출간할 수 있어서 참 다행이다.